LES
COLONIES FRANÇAISES

LEUR COMMERCE — LEUR SITUATION ÉCONOMIQUE
LEUR UTILITÉ POUR LA MÉTROPOLE — LEUR AVENIR

PAR

LOUIS VIGNON

ANCIEN CHEF DU CABINET DU MINISTRE DU COMMERCE
ANCIEN SOUS-CHEF DU CABINET
DU SOUS-SECRÉTAIRE D'ÉTAT AUX COLONIES

PARIS
GUILLAUMIN ET Cⁱᵉ, ÉDITEURS
De la Collection des principaux Économistes, du Journal des Économistes
du Dictionnaire de l'Économie politique
du Dictionnaire universel du Commerce et de la Navigation, etc.
RUE RICHELIEU, 14

LES
COLONIES FRANÇAISES

LES
COLONIES FRANÇAISES

LEUR COMMERCE — LEUR SITUATION ÉCONOMIQUE

LEUR UTILITÉ POUR LA MÉTROPOLE — LEUR AVENIR

PAR

LOUIS VIGNON

ANCIEN CHEF DU CABINET DU MINISTRE DU COMMERCE
ANCIEN SOUS-CHEF DU CABINET
DU SOUS-SECRÉTAIRE D'ÉTAT AUX COLONIES.

PARIS

GUILLAUMIN ET Cⁱᵉ, ÉDITEURS

De la Collection des principaux Économistes, du Journal des Économistes,
du Dictionnaire de l'Économie politique,
du Dictionnaire universel du Commerce et de la Navigation, etc.

RUE RICHELIEU, 14

—

1886

LES
COLONIES FRANÇAISES

Depuis quatre ou cinq ans, les esprits se sont portés en France vers les questions coloniales. L'opinion publique, jusque-là indifférente, s'est préoccupée de nos colonies, de leur commerce, de leur richesse, de leur développement, de leurs rapports avec la mère patrie. Ce mouvement, qui chaque jour s'accentue, qui s'est surtout accentué dans ces deux dernières années, a des causes diverses : l'entrée en plus grand nombre dans le Parlement des députés coloniaux attirant l'attention sur les pays qu'ils représentent (1); la construction par l'État, commencée puis abandonnée, d'un chemin de fer du Sénégal au Niger; les glorieuses campagnes du colonel Desbordes; les voyages d'exploration du Dr Bayol; les voyages et les

---

(1) Depuis les élections générales de 1881, la Cochinchine, le Sénégal, la Guyane, qui avant n'étaient pas représentées, ont chacune un député; la Guadeloupe, la Martinique, la Réunion en comptent trois de plus.

Si l'on excepte notre comptoir du Gabon et les deux petites îles de Mayotte et Nossi-Bé, toutes nos colonies sont représentées à la Chambre des députés sauf trois : les îles Saint-Pierre et Miquelon, la Nouvelle-Calédonie et Tahiti.

traités de Savorgnan de Brazza, sa rivalité avec Stanley ; enfin, et plus récemment, la Conférence de Berlin, les annexions allemandes, les expéditions de Madagascar et du Tonkin.

Du jour où l'opinion s'est intéressée à ces événements, la discussion est née. Un nouveau mot a été créé. On a été partisan ou adversaire de la *politique coloniale*. La crise industrielle que nous traversons, la baisse de nos exportations a posé la question sur le terrain de l'*utilité*. Nos colonies nous sont-elles utiles? Achètent-elles nos produits? Si nous suivons une *politique d'expansion coloniale*, ouvrirons-nous des débouchés à l'industrie française? Et le sénatus-consulte de 1866 a été jeté dans le débat.

Malheureusement, la discussion, trop vive dans les deux camps, n'a pas toujours été impartiale. Les publicistes dans la presse, les orateurs à la tribune ont quelquefois négligé certains faits, groupé d'une façon inexacte les colonies, afin d'arriver à la conclusion qu'ils désiraient; certains même n'ont pas craint de « solliciter » les chiffres fournis par les statistiques.

C'est pourquoi il semble qu'il serait intéressant de soumettre aujourd'hui au public, à l'opinion, une étude impartiale sur les diverses questions soulevées : elle essayera de répondre avec des faits et des chiffres certains à ceux qui prétendent que nos colonies ne progressent pas, qu'elles n'offrent aucun débouché au commerce de la métropole, qu'elles ne servent en rien l'influence de notre pays dans le monde. En même temps elle ne négligera pas d'indiquer les *points faibles* que révèle l'examen de leur situation commerciale et économique.

Un pareil travail doit être écrit dans un ordre rationnel.

Après avoir rappelé les avantages généraux de la colonisation, il présentera chaque colonie séparément, dans sa situation actuelle, indiquera ses besoins, recherchera son avenir. Résumant ensuite les résultats obtenus, il donnera les chiffres du commerce de la France avec ses colonies et fera une comparaison avec les colonies anglaises.

Mais le côté mercantile ne doit pas être seul envisagé : la possession d'établissements coloniaux sur toutes les mers assure à notre pays des avantages militaires et politiques considérables. Après les avoir mis en lumière, on recherchera, pour répondre à une des objections le plus souvent présentées, ce que coûtent à la France ses colonies. Enfin, on indiquera quels moyens pourraient être mis en œuvre pour remédier aux *points faibles* qui auront été signalés, et l'on conclura que la *politique coloniale* de demain ne doit pas être une politique de conquêtes nouvelles, mais une politique de conservation et de mise en valeur du patrimoine national.

I

AVANTAGES GÉNÉRAUX DE LA COLONISATION.

Utilité des colonies. — Influence bienfaisante de la découverte et de la colonisation de l'Amérique et de l'Australie. — Augmentation de jouissances. — Accroissement d'industrie. — Une citation d'Adam Smith.

Les économistes ont longtemps discuté sur l'utilité des colonies pour les métropoles, sur les résultats de l'émigration des hommes et des capitaux. On peut dire que l'opinion est aujourd'hui unanime sur ces questions. Il n'est douteux pour personne que la colonisation de l'Amérique et de l'Australie a procuré à l'Europe entière une *augmentation de jouissances* et un *accroissement d'industrie*.

Au siècle dernier déjà, Adam Smith a montré avec une perspicacité profonde que les avantages résultant de la création et de la prospérité des colonies ne se bornaient pas aux seules métropoles, mais s'étendaient à toutes les contrées de l'ancien monde. Il distinguait ainsi les avantages généraux que l'Europe, considérée comme un seul vaste pays, a retirés de la colonisation, et les avantages spéciaux dont chaque mère patrie a profité du chef de ses colonies particulières. « Ce qui est moins évident, écrit l'auteur de *la Richesse des nations*, c'est que ces grands événements (la découverte et la colonisation des deux Indes) aient dû pareillement contribuer à encourager l'industrie de pays, qui, peut-être, n'ont jamais envoyé en Amérique un seul article de leurs produits, tels que la Hongrie et la Pologne : c'est cependant ce dont il n'est pas possible de douter. On consomme en Hongrie et en Pologne une certaine partie du produit de l'Amérique, et il y a dans ces pays une demande quelconque pour le sucre, le chocolat et le tabac de cette nouvelle partie du monde. Or, ces marchandises, il faut les acheter ou avec quelque chose qui soit le produit de l'industrie de la Hongrie ou de la Pologne, ou avec quelque chose qui ait été acheté avec une partie de ce produit. Ces marchandises américaines sont de nouvelles valeurs, de nouveaux équivalents, survenus en Hongrie et en Pologne pour y être échangés contre l'excédent du produit de ces pays. Transportées dans ces contrées, elles y créent un nouveau marché, un marché plus étendu pour cet excédent de produit. Elles en font hausser la valeur et contribuent par là à en encourager l'augmentation. Quand même aucune partie de ce produit ne serait jamais portée en Amérique, il peut en être porté à d'autres nations qui l'achètent avec une partie de la portion qu'elles ont dans l'excédent de produit de l'Amérique, et ainsi ces nations trouveront un débit au moyen de la circulation du commerce nouveau que l'excédent de produit de l'Amérique a primitivement mis en activité. Ces grands événements peuvent même avoir contribué à augmenter les jouissances et à accroître l'industrie de pays qui non seulement n'ont jamais envoyé aucune marchandise en Amérique, mais même n'en ont jamais reçu aucune de cette contrée. Ces contrées-là, même, peuvent avoir reçu en plus grande abondance les marchandises de quelque nation dont l'excédent de produit aura été augmenté par le commerce de l'Amérique... Il leur a été présenté un plus grand nombre de nouveaux équivalents, d'une espèce ou d'une autre, pour être échangés contre l'excédent de produit de leur industrie. Il a été créé un marché plus étendu pour ce produit surabondant, de manière à en faire hausser la valeur et par là à en encourager l'augmentation. Cette masse de marchandises, qui est jetée annuellement dans la sphère immense du commerce de l'Europe et qui, par l'effet de ses diverses révolutions, est distribuée annuellement entre toutes les diverses nations comprises dans cette sphère, a dû être augmentée de tout l'excédent de produit de l'Amérique. Il y a donc lieu de croire que chacune de ces nations a recueilli une plus grande part dans cette masse ainsi grossie, que ses jouissances ont augmenté et que son industrie a acquis de nouvelles forces. »

On peut ajouter, pour compléter cette analyse si ingénieuse et si exacte, que les colonies n'ont pas seulement offert au vieux monde des denrées utiles et d'un goût universel; elles ont encore fourni à nos sociétés des matières premières, dont le bas prix a singulièrement stimulé la production intérieure des contrées d'Europe. Dans son ouvrage sur la *Colonisation*, M. Leroy-Beaulieu met ce point en vive lumière. Il fait remarquer que le coton de l'Amérique centrale, la laine de Buenos-Ayres ou d'Australie, les peaux de l'Amérique du Sud ont notablement abaissé en Europe le prix de revient d'un grand nombre d'articles d'une utilité universelle. Le résultat a été un accroissement immense dans la demande de ces articles, et cette forte demande a multiplié la production dans une proportion inouïe. Aussi M. Leroy-Beaulieu conclut-il : « On peut dire que, dans toute l'histoire du monde, on ne rencontre aucun fait qui ait eu une influence aussi bienfaisante sur l'industrie que la découverte et la colonisation des deux Indes. »

II

GUADELOUPE — MARTINIQUE — RÉUNION (1).

Situation des Antilles et de la Réunion. — La Guadeloupe. — Mouvement du commerce et de la navigation. — Comparaison avec la Jamaïque.
La Martinique. — Mouvement du commerce et de la navigation. — Comparaison des Antilles anglaises et des Antilles françaises.
La Réunion. — Mouvement du commerce et de la navigation. — Situation peu prospère. — Espérances de relèvement : voisinage de Madagascar. — La colonie anglaise de Maurice.
Question du régime douanier à établir entre la France et ses trois anciennes colonies. — Le sénatus-consulte de 1866 et le « pacte colonial ». — Politique rétrograde suivie par l'administration des colonies. — La loi des sucres du 29 juillet 1884. — Les décrets de 1884 et 1885 établissant des taxes douanières dans nos colonies.
Question de l'immigration indienne. — 1848. — La crise et l'appel fait aux bras étrangers. — La Convention du 1ᵉʳ juillet 1866 avec l'Angleterre. — Caractères de l'immigration indienne. — Ses vices. — Sa condamnation. — Il n'est pas possible de la supprimer en un jour. — Pourquoi les planteurs emploient les travailleurs indiens. — Polémiques locales. — A la Réunion et à la Martinique. — Une suppression lente et graduée évitera une crise économique.

Depuis le jour où, épuisées par de longues guerres et la domination étrangère, ces trois colonies ont été rendues

(1) On évitera, pour ne pas surcharger ce travail de renvois, de citer à chaque instant les sources où les chiffres et les renseignements cités auront été puisés. Il suffit de dire que rien n'a été écrit à l'aventure, que tout a été contrôlé. Les principaux ouvrages consultés sont : le *Tableau général du commerce de la France en* 1883, publication de la direction des douanes : Les *Tableaux de population, de culture, de commerce et de navigation en* 1883 ; les *Notices coloniales publiées à*

à la France par les traités de 1815, elles ont dû traverser plusieurs crises économiques. Les deux faits les plus saillants de leur histoire sont : l'abolition de l'esclavage — coup terrible pour des colonies de plantation — et le sénatus-consulte de 1866, qui inaugura le système de la liberté commerciale.

La Guadeloupe, la Martinique, la Réunion ont fait des progrès considérables depuis 1815 et traversé heureusement les crises : la population a crû dans une proportion satisfaisante, les plantations de cannes ont doublé et triplé, les perfectionnements dans l'agriculture et dans l'industrie sucrière ont été considérables. Huit ans après l'abolition de l'esclavage, les cultures étaient sauvées, grâce à l'immigration (1); le mouvement général des affaires, importations et exportations réunies, était remonté *au-dessus* des chiffres antérieurs à 1848, et depuis cette époque les progrès ont continué.

Il faut ajouter toutefois que depuis deux ou trois ans une crise grave et dont on ne saurait prévoir la fin a fait

l'occasion de l'Exposition universelle d'Anvers, publications du ministère de la marine et des colonies, qui malheureusement donnent quelquefois des chiffres contradictoires; les *Statistiques officielles* des nations étrangères; l'*Almanach de Gotha*, etc. De précieux renseignements sont dus aussi à des négociants établis aux colonies et en Afrique.

Les chiffres donnés dans ce volume sont empruntés à l'année 1883 parce que celle-ci est jusqu'à présent la dernière dont toutes les publications françaises et étrangères aient fait connaître les résultats. Beaucoup de statistiques pour 1884 manquent encore, notamment *les Tableaux de population, de culture...* du ministère de la marine et des Colonies. Quant au *Tableau général du commerce de* 1884, paru récemment, les chiffres qu'il publie étant incomplets, il serait nécessaire de les contrôler avec ceux des statistiques coloniales.

On sait, d'ailleurs, que le mouvement du commerce et de la navigation varie peu d'une année à l'autre. La différence entre les résultats de 1883 et ceux de 1884 ne saurait donc pas être très sensible.

(1) La question de l'immigration sera traitée plus loin.

baisser, dans une forte proportion, le prix des sucres. Nos colonies des Antilles et de la Réunion sont donc atteintes, mais on peut espérer qu'elles trouveront un remède au mal qui les frappe en restreignant la culture de la canne et en développant celle des denrées coloniales telles que le café, la vanille, les épices, trop abandonnée aujourd'hui.

La Guadeloupe avec ses dépendances a une population totale de 200,000 habitants dont 22,000 immigrants. C'est une usine à sucre. La culture de la canne s'étend sur une superficie de 26,000 hectares, tandis que le café, le coton et le cacao réunis ne couvrent pas 7,000 hectares. La production du sucre a été, en 1883, de 59,524,000 kilogrammes. Les cultures vivrières occupent un peu plus de 6,000 hectares.

La commerce de la Guadeloupe ne laisse pas d'être assez important. Il était, en 1883, de 60,335,000 fr., importations et exportations comprises. Dans ce chiffre, les exportations de la France pour la colonie s'élèvent à 12,384,000 fr. ; — les importations de la colonie en France, à 18,673,000 fr. ; — les exportations de l'étranger pour la Guadeloupe, à 14,141,000 fr. ; — et les importations de la colonie à l'étranger, à 13,194,000 fr. Le mouvement des affaires entre l'île et les autres colonies françaises complète ce tableau (1).

En 1883, le mouvement maritime de cette colonie et de

---

(1) Personne n'ignore qu'il est de règle, dans toutes les statistiques douanières, de distinguer le *commerce général* et le *commerce spécial* : A l'importation, le commerce général se compose de toutes les marchandises qui arrivent du dehors, tant pour la consommation en France que pour l'étranger ; le commerce spécial comprend les marchandises qui restent en France pour y être consommées. A l'exportation, le commerce général se compose de toutes les marchandises françaises ou étrangères qui sortent de France ; le commerce spécial comprend

ses dépendances se décomposait, entrées et sorties réunies, en 589 navires français et 1,081 navires étrangers. Les statistiques donnent le tonnage des navires français — ils jaugent 100,000 tonnes — mais non celui des bâtiments étrangers; toute appréciation est donc impossible.

Il n'est pas sans intérêt de noter que le commerce de la Guadeloupe peut être comparé avec avantage à celui de la Jamaïque, qui est quatre ou cinq fois aussi grande et a trois fois plus de population (1). Les importations de la Jamaïque, en 1883, montaient à 37,150,000 francs, et ses exportations à 34,725,000 francs, soit pour cette colonie anglaise un mouvement d'affaires de 71,875,000 francs contre un mouvement de 60 millions pour notre colonie.

La Martinique, avec une beaucoup moindre étendue que le groupe de la Guadeloupe, a une population de 167,000 habitants, dont 20,000 immigrants. Elle est, comme sa voisine, une usine à sucre : 25,795 hectares sont plantés en cannes.

les marchandises nationales exportées et aussi les marchandises étrangères *francisées* par le payement des droits de douane. Le commerce spécial est toujours compris dans le chiffre du commerce général.

Des deux chiffres donnés ici — 12,384,000 francs, exportations de la France pour la Guadeloupe, et 18,673,000 fr., importations de celle-ci en France — le premier appartient au commerce spécial, et le second au commerce général. 18,154,000 francs sont restés au commerce spécial.

En 1883, cette colonie a envoyé en France pour une valeur de 12,991,000 francs de sucre (25,983,000 kilogrammes) et, dans les autres pays où elle cherche à s'ouvrir des débouchés, 26,855,000 kilogrammes, d'une valeur de 12,900,000 francs.

(1) Dans les chiffres donnés pour la Jamaïque, ne sont pas comprises les importations et exportations de métaux précieux. Il en est de même pour la Guadeloupe. — Cette règle de ne pas comprendre les importations et exportations des espèces d'or et d'argent dans le mouvement du commerce d'une colonie sera toujours suivie au cours de cet ouvrage.

Le café, le cacao, le coton couvrent environ 1,000 hectares. La production du sucre a été, en 1883, de 50,725.000 kilogrammes (1). Les cultures vivrières occupent plus de 15,000 hectares.

Le commerce de la Martinique dépasse de 10 millions celui de la Guadeloupe. Les statistiques de 1883 donnent un total général de 70,320,000 francs. Dans ce chiffre, les exportations de la France pour la colonie sont comprises pour 13,639,000 francs ; — les importations de la colonie en France pour 22,961,000 francs ; — les exportations de l'étranger pour la Martinique pour 18,641,000 francs — et les importations de la colonie à l'étranger pour 13,950,000 francs (2). Le produit du mouvement d'affaires entre l'île et les autres colonies françaises complète ce tableau. Cette année a été particulièrement prospère.

Sur 2,071 navires composant le mouvement maritime de la Martinique en 1883, 801 étaient français (jaugeant 262,000 tonnes) et 1,270 étrangers.

Les états des douanes coloniales permettent de déterminer la provenance des différentes marchandises étrangères importées aux Antilles. Les États-Unis, ce qui est très naturel, étant donnée leur situation géographique, sont à la Guadeloupe et à la Martinique les premiers importateurs après la métropole. En 1883, ces deux îles ont reçu 11,389,000 francs de marchandises américaines. Après les États-Unis viennent les Antilles anglaises et la Grande-Bretagne.

En 1883, le commerce total des Antilles anglaises, qui

(1) En 1883, la Martinique a envoyé en France 23,989,000 kilogrammes de sucre, d'une valeur de 12 millions, et à l'étranger 25 millions de kilogrammes, d'une valeur de 11 millions et demi.

(2) Les exportations de la France pour la colonie, 13,639,000 francs, appartiennent au commerce spécial, et dans le chiffre des importations de celle-ci en France, 22,961,000 francs, chiffre du commerce général, 21,595,000 francs restent au commerce spécial.

comprennent une douzaine d'îles dont trois au moins, la Jamaïque, la Barbade et la Trinité, sont d'une grande importance, a été de 11,271,000 livres sterling, soit 281 millions et demi. Les chiffres précédents montrent qu'en 1883 le commerce de la Guadeloupe et de la Martinique réunies a dépassé 130 millions et demi. On peut donc dire que les Antilles françaises jouissent d'une assez grande prospérité.

L'île de la Réunion est dans une situation moins satisfaisante que nos possessions des Indes occidentales.

Sa population s'élève à 169,000 habitants dont 50,000 immigrants. Les champs de canne couvrent une superficie de 49,000 hectares. Le café, la vanille occupent 7,000 hectares ; les cultures vivrières 9,000. Depuis deux ou trois ans, les colons paraissent s'appliquer à développer la culture du tabac et celle de la vigne jusqu'ici très restreintes. La production du sucre a été, en 1883, de 40 millions de kilogrammes (1). La même année les caféries qui, au commencement du siècle, produisaient jusqu'à 3,500,000 kilogr. de café, en ont donné seulement 578,000 kilogr. On voit, par ce seul chiffre, combien la culture de la canne s'est développée depuis quatre-vingts années aux dépens des autres denrées coloniales. La « crise sucrière » aura sans doute pour résultat d'amener les planteurs à revenir à la culture du café et peut-être aussi à entreprendre sur une large échelle celle de la vigne, si, comme le font espérer les essais récemment tentés, on peut obtenir à la Réunion des vins capiteux et fins comme ceux de Madère, du Cap et des Canaries.

(1) Dans cette même année la Réunion a envoyé en France 25,531,000 kilogrammes de sucre d'une valeur de 12,765,000 fr. et à l'étranger 12,535,000 kilogrammes d'une valeur de 4,992,000 fr.

Le commerce général de l'île a été, en 1883, de 51,054,000 francs. Dans ce chiffre, les exportations de la France pour la colonie sont comprises pour 7,832,000 francs ; — les importations de la colonie en France pour 16,269,000 francs ; — les exportations de l'étranger pour la Réunion pour 19,125,000 francs, — et les importations de la colonie à l'étranger pour 6,800,000 francs (1). Le mouvement des affaires entre l'île et les autres colonies françaises complète ce tableau.

Les entrées et les sorties donnent, en 1883, 425 navires : 374 sont français (jaugeant 220,700 tonneaux), 51 portent pavillon étranger.

L'île de la Réunion est aujourd'hui bien en arrière de la colonie anglaise voisine. Maurice, d'une superficie moindre cependant, a 359,000 habitants et un commerce général de 6,538,000 livres sterling, soit 163 millions et demi.

Mais il est permis d'espérer que d'ici peu d'années notre colonie de l'Océan indien se relèvera. La France a, en effet, consenti pour elle des sacrifices considérables : un chemin de fer qui fait presque le tour de l'île a été inauguré l'année dernière; deux ports, celui de Saint-Pierre et celui, plus important, de la Pointe-des-Galets, reçoivent déjà les navires et seront achevés à la fin de l'année 1886; la ligne subventionnée des Messageries maritimes sur l'Australie fait escale à Saint-Denis ; enfin un service postal subventionné vient d'être inauguré entre la Réunion, Tamatave, Sainte-Marie de Madagascar, Vohémar, Diego Suarez, Nossi-Bé, Mayotte, Majunga et Mozambique.

Il faut encore ajouter que notre établissement dans la

---

(1) Les exportations de la France pour la colonie — 7,832,000 francs — appartiennent au commerce spécial, et dans le chiffre des importations de celle-ci en France, 16,269,000 francs, chiffre du commerce général, 15,206,000 francs restent au commerce spécial.

partie N.-O. de Madagascar sera pour la Réunion une nouvelle source d'avantages.

Ses relations avec la Grande-Terre prendront vite une large extension et grâce à ses nouveaux ports, vastes et sûrs, elle pourra devenir l'entrepôt naturel du commerce entre les Indes, l'Europe, Madagascar et l'Afrique.

On ne ferait pas connaître complètement la situation économique et commerciale de nos trois anciennes colonies si on négligeait de traiter deux graves questions qui occupent et passionnent les esprits aussi bien en France qu'aux Antilles et à la Réunion : la *question du régime douanier à établir entre la métropole et ses colonies* et la *question de l'immigration*.

On essayera donc de les exposer l'une et l'autre.

Personne n'ignore que le « pacte colonial » en vigueur encore pendant la première partie du siècle a été aboli par la loi du 3 juillet 1861. Cinq ans après, le sénatus-consulte de 1866 compléta la réforme de 1861. Au régime du monopole si contraire aux véritables intérêts du commerce, succédait celui de la liberté absolue.

Les conseils généraux de la Guadeloupe, de la Martinique et de la Réunion purent, à l'abri de ce sénatus-consulte, supprimer les douanes. Ils les remplacèrent par des *octrois de mer* dont ils sont les maîtres presque absolus et devant lesquels les produits français sont égaux aux produits étrangers.

Cet état de choses, dont la justice ne peut guère être contestée, a porté un coup sérieux au commerce de la métropole avec ses colonies. Les produits étrangers, soit qu'ils fussent plus près des colonies que n'en étaient les produits français, soit qu'ils fussent vendus à meilleur marché, les ont remplacés dans une forte proportion.

Plusieurs de nos Chambres de commerce — celles où domine l'esprit protectionniste — se sont depuis longtemps émues de ce résultat, et elles ont adressé au Parlement, il y a environ trois ans, au plus fort de la crise industrielle, de nombreuses pétitions réclamant l'abrogation des dispositions libérales du sénatus-consulte de 1866.

Les chiffres qu'elles relèvent sont utiles à connaître.

La France, qui en 1860 exportait à la Guadeloupe pour 18,800,000 francs, n'y exporte plus, en 1881, que pour 11,839,000 francs. Pour la Martinique, les exportations ont fléchi de 20,500,000 francs à 12,812,000 francs. Pour la Réunion, elles sont tombées de 25,800,000 francs à 7,947,000 francs.

Les pétitions des Chambres de commerce présentent les tableaux détaillés comparatifs des exportations de la France pour toutes ses colonies en 1860 et 1881. Il n'est pas nécessaire de les reproduire ici, mais une courte citation empruntée à la lettre de la Chambre de Nantes indiquera les articles les plus frappés. « C'est ainsi que nos manufactures de tissus de laine, de coton, de lin et de chanvre voient tomber leurs exportations vers les colonies de 8,308,000 francs à 2 millions et demi. Les exportations sont tombées à zéro pour les tissus de soie, et les articles si français des vêtements et lingeries, qui, en 1860, atteignaient 4,519,000 francs ont fléchi l'année dernière (1881) jusqu'à 1,400,000 francs. Quant aux salaisons, article qui intéresse plus particulièrement le commerce de Nantes, nous relevons pour la colonie de la Réunion une exportation de 290,000 francs en 1881 au lieu de 1,684,000 francs, chiffre de l'année 1861. Le mal est donc devenu très grave pour le commerce français... »

Il n'est pas besoin de faire remarquer que depuis 1860

la richesse des Antilles a augmenté dans une certaine mesure, comme il était naturel (1). Ainsi, tandis que croissait le mouvement général des importations et des exportations de nos colonies, la part des exportations des produits français dans ces colonies baissait dans la proportion qu'on vient de voir.

Le vœu émis par certaines Chambres de commerce a été entendu au Palais-Bourbon, et un député, mort aujourd'hui, M. Peulevey, a déposé en 1883 une proposition de loi portant que « les colonies auxquelles s'applique le sénatus-consulte de 1866 ne pourront en aucun cas remplacer les droits de douane par des droits d'octroi de mer », et qu'elles « auront le même régime douanier que la métropole ».

Cette proposition n'est jamais venue en discussion. La question serait encore entière aujourd'hui si l'administration des colonies n'avait pas inauguré, il y a près de deux ans, une politique résolument protectionniste. Cette politique tendait à forcer les colonies à abandonner le bénéfice des dispositions libérales du sénatus-consulte de 1866 en matière commerciale, et à rétablir par une voie détournée certaines dispositions rappelant celles du « pacte colonial ».

On rencontrera les résultats ou les tendances de cette politique dans plusieurs de nos colonies. Elle se caractérise, aux Antilles et à la Réunion, par deux faits significatifs : l'établissement en France d'un régime douanier de faveur pour les sucres d'origine coloniale ; — l'établissement, à la Guadeloupe, à la Martinique et à la Réunion, de tarifs

---

(1) En 1860, le commerce général de nos trois colonies était de : 49,922,000 francs à la Guadeloupe, 51,376,000 francs à la Martinique, et 93,502,000 francs à la Réunion. Ce dernier chiffre seul est supérieur à celui de 1883. Il montre combien la situation actuelle de notre colonie de l'Océan Indien est loin d'être satisfaisante.

douaniers qui atteignent à l'importation les marchandises étrangères.

Le rapport de M. de Lanessan sur le budget des colonies pour l'exercice 1886 contient les lettres que l'administration dut écrire dans nos trois colonies pour faire voter ces tarifs douaniers par les conseils généraux.

Il était malaisé d'obtenir un pareil vote de nos assemblées coloniales : quel intérêt avaient-elles à abandonner le bénéfice du sénatus-consulte de 1866 et à surélever le prix de tous les objets qui viennent du dehors par le rétablissement des droits de douane (1) ? Il fallut, pour les amener à cette concession, leur faire craindre le vote par la Chambre de la proposition Peulevey, les menacer de l'interruption des grands travaux publics entrepris chez elles avec l'aide du Trésor métropolitain, — et enfin leur accorder un avantage en profitant du vote par le Parlement d'une nouvelle loi sur les sucres pour y introduire un article qui semble admettre le principe d'une prime payée par la France aux planteurs coloniaux.

Cette « loi des sucres » est antérieure de quelques mois au rétablissement des douanes aux Antilles et à la Réunion. — Elle porte la date du 23 juillet 1884.

On sait que les fabricants de sucre de betterave deman-

---

(1) L'article 2 du sénatus-consulte du 4 juillet 1866 porte : « Le conseil général des colonies (Martinique, Guadeloupe, Réunion) vote les tarifs d'octroi de mer sur les objets de toute provenance, *ainsi que les tarifs de douane* sur les produits étrangers, naturels ou fabriqués, importés dans la colonie.

» Les tarifs de douane votés par le conseil général sont rendus exécutoires par décrets de l'empereur rendus en Conseil d'État. »

C'est en s'appuyant sur ces mots : Le conseil vote les tarifs de douane, que les conseils généraux de nos trois colonies supprimèrent, de 1867 à 1873, les tarifs douaniers qui existaient chez eux de par la législation antérieure à 1866, — et c'est aussi en s'appuyant sur les mêmes mots que l'administration demandait aux assemblées coloniales le rétablissement des taxes douanières.

daient depuis longtemps en France la modification de notre législation sucrière par l'adoption du système allemand, qui assure au fabricant une véritable « prime ». Le gouvernement, cédant à ces instances, présenta aux Chambres un projet de loi conforme, et aussitôt les députés des colonies, soutenus par le ministère de la Marine, saisirent cette occasion pour demander, puis obtenir, après une longue discussion, un traitement de faveur pour les sucres coloniaux. C'est ainsi que la loi du 29 juillet 1884 dispose, dans son article 5, que « les sucres des colonies françaises importés directement en France auront droit à un déchet de fabrication de 12 0/0 ». Ce mot « déchet de fabrication » cache un véritable « boni ». Les sucres venus des colonies ne payent donc en réalité qu'un droit de 44 francs par 100 kilogrammes, alors que les sucres de betterave, aussi bien que les sucres extra-européens, acquittent 50 francs par 100 kilogrammes.

Il faut encore ajouter que la loi accorde un second avantage, indirect, mais réel cependant, à nos sucres coloniaux, en frappant d'une « surtaxe » de 7 francs ajoutée au droit de 50 francs les sucres « importés des pays d'Europe ».

Après avoir obtenu de la métropole ce traitement de faveur, il n'était plus possible aux conseils généraux des Antilles et de la Réunion de résister à la pression du département de la marine et des colonies : des décrets en date du 16 novembre 1884, du 19 janvier et du 25 avril 1885, rendirent exécutoires les tarifs de douane votés par les conseils généraux de la Guadeloupe, de la Martinique et de la Réunion sur certaines des marchandises importées dans ces colonies.

C'est ainsi que le système protectionniste reparaît dans notre régime économique.

Les sucres des colonies jouissent à leur entrée en France

d'un traitement spécial, et, par réciprocité, la vente des tissus, des draps, des ouvrages en peaux, des meubles etc... de fabrication française est favorisée aux colonies par l'établissement de taxes douanières sur les produits similaires étrangers.

Il faut ajouter que les partisans des doctrines protectionnistes ne se déclarent pas satisfaits.

La loi de 1884 et les décrets de 1884-1885 ne leur suffisent déjà plus. Le chef de l'administration des colonies annonçait, il y a quelques mois, au Conseil supérieur qu'il ne désespérait pas d'obtenir du ministre des finances un traitement de faveur, c'est-à-dire un abaissement de droits pour les cafés, vanilles, épices des colonies françaises; et d'un autre côté, afin d'assurer sur le marché français la première place aux sucres coloniaux, déjà favorisés cependant, certaines personnes réclament le vote d'une « surtaxe » de 5 ou 7 francs sur les sucres d'origine extra-européenne.

Une telle politique économique soulève de graves objections. Beaucoup de bons esprits estiment que la loi de 1884, aussi bien que les décrets de 1884-1885, ont porté une atteinte sérieuse à la liberté commerciale si heureusement reconnue par le sénatus-consulte de 1866. Le principe de la liberté des transactions entre la métropole et ses colonies, qui semblait définitivement conquis, se trouve de nouveau remis en question.

Si ce principe de la liberté commerciale, défendu par tous les économistes, appliqué par l'Angleterre dans ses relations avec son empire colonial, est vrai, il l'est particulièrement lorsqu'il s'agit des vieilles colonies. On peut en effet se demander — et cette question sera examinée lorsqu'on étudiera la Cochinchine et le Tonkin — si dans une colonie toute nouvelle peuplée non de Français, mais d'indigènes, il ne convient pas d'établir, pour un certain temps, un tarif douanier qui, sans être en rien prohibitif, favorise cependant dans une sage mesure l'importation des produits français.

Une pareille question peut-elle se poser lorsqu'il s'agit de colonies aussi françaises que les Antilles ou la Réunion ? Le système du « pacte colonial » a été jugé par l'expérience : il a ruiné les colonies espagnoles, arrêté le développement rationnel des colonies anglaises et françaises au siècle dernier. Tenter de le ressusciter même en partie ne serait-ce pas porter atteinte à la richesse de nos colonies et peut-être faire naître chez elles le germe de tendances séparatistes ?

Les principes autant que l'expérience semblent donc s'accorder pour condamner tout privilège concédé aux produits des colonies dans la métropole, comme toute restriction stipulée en faveur du commerce métropolitain dans les colonies.

La *question de l'immigration* est peut-être la plus difficile, la plus délicate que l'on puisse rencontrer dans une étude sur la situation de nos colonies. Ce n'est point seulement une question économique, c'est aussi une question politique. Aussi dans nos trois colonies, à la Martinique surtout, les discussions sont vives et ardentes entre les deux partis : dans les journaux locaux aussi bien que dans les conseils généraux on retrouve toujours en présence les partisans et les adversaires de l'immigration indienne. La députation coloniale elle-même est très divisée sur ce sujet.

On va tenter d'exposer cette grave question avec la plus entière impartialité.

Lorsqu'en 1848 l'esclavage fut aboli, des milliers d'esclaves, venus des côtes d'Afrique, travaillaient sur les plantations de cannes de nos trois colonies sucrières. A la Réunion ils étaient au nombre de 60,000. Tout à coup le travail fut à peu près partout suspendu : les noirs, avides de liberté, abandonnaient les plantations. A la Guadeloupe, l'exportation du sucre, qui en 1847 avait été de 75,000 barriques, tombait, en 1850, à 25,000 barriques.

Pouvait-on espérer que les affranchis, après avoir cédé dans un premier mouvement à l'amour de l'indépendance, reviendraient sur les plantations demander du travail et consentiraient à se plier aux devoirs d'un contrat librement consenti ?

Cette opinion a été soutenue. On a prétendu que, quatre à cinq années après l'émancipation, un grand nombre de noirs avaient déjà repris leur travail.

Ce qui est certain, c'est que les planteurs et l'administration ne pensèrent pas qu'il serait possible d'obtenir de l'affranchi, du cultivateur créole, l'assiduité indispensable pour les travaux et les soins de toute nature qu'exige une exploitation agricole. Ils reprochaient à l'affranchi un sentiment de révolte contre tout assujettissement, une passion d'indépendance absolue qui lui faisait refuser, à tout prix, les services les plus indispensables sur les habitations (1).

C'est pourquoi l'on favorisa tout d'abord l'immigration « d'engagés » européens, africains ou asiatiques. Puis en 1861, le gouvernement impérial, pour régulariser l'immigration, et assurer des bras aux planteurs, conclut, avec la Grande-Bretagne, la Convention du 1er juillet 1861, qui détermine dans quelles conditions le gouvernement français peut recruter et engager pour les colonies françaises des travailleurs sur les territoires indiens appartenant à l'Angleterre. Elle est encore en vigueur aujourd'hui (2).

(1) Conseil général de la Guadeloupe. — Séance du 10 janvier 1881. — M. Dubos.

(2) Au lendemain de la signature de cette Convention le service de l'immigration fut organisé dans nos quatre anciennes colonies, Antilles, Réunion et Guyane; mais depuis 1876 il n'est plus introduit d'immigrants dans cette dernière.

Dès cette époque la crise était conjurée : les premiers immigrants avaient remis en culture les champs un instant abandonnés. C'est ainsi qu'à la Guadeloupe l'exportation du sucre se relevait de 25 à 60,000 barriques (de 1852 à 1863); à la Réunion, de 22 à 44 millions de kil. (de 1847 à 1860). A la Martinique l'augmentation était aussi considérable.

Réglementée par la Convention diplomatique de 1861, le sénatus-consulte de 1866 et de nombreux décrets ou arrêtés locaux, l'immigration indienne est pratiquée dans les formes suivantes : tous les ans, le conseil général de chaque colonie, après s'être enquis du nombre des travailleurs demandés à l'administration par les planteurs, vote le crédit nécessaire pour le recrutement et le transport dans l'île d'un ou plusieurs convois d'immigrants. Les coolies recrutés signent dans l'Inde avant d'être embarqués, devant le commissaire du gouvernement français, un acte d'engagement de travail, pour une durée de cinq années, avec réengagement facultatif, moyennant un salaire fixe, qui sera payé par le propriétaire de « l'habitation » auquel ils seront remis à leur arrivée.

Les adversaires de l'immigration représentent ce système d'engagement comme une forme de l'esclavage : « Les Indiens introduits dans nos colonies sous le nom mensonger d'immigrants, ne sont rien moins que des immigrants, écrit le plus célèbre et le plus respecté de ces adversaires. Ce sont des mercenaires engagés dans leur pays, pour une période de sept ans et exclusivement voués à la culture. On les distribue, lorsqu'ils arrivent, aux propriétaires de plantations, et ils deviennent pendant la durée de leur engagement, de véritables serfs de la glèbe. Tant il est vrai, que quand on vend l'habitation à laquelle ils sont attachés, ils passent avec les instruments aratoires et les animaux de labour, aux mains du nouveau propriétaire. Ils ne peuvent rien par eux-mêmes, pas même porter plainte devant les tribunaux s'ils sont maltraités ; c'est un syndic remplissant à leur égard l'office du tuteur d'un enfant, qui doit, en toutes circonstances, agir pour eux (1). »

Il convient toutefois de dire, pour rester dans la vérité, que l'administration est très loin de se désintéresser du sort des immigrants envoyés dans les « habitations ». Des « inspecteurs », des « syndics », des « protecteurs de l'immigration » visitent ces travailleurs sur les plantations, veillent à ce qu'ils soient logés, nourris, habillés, soignés, payés, protégés contre les châtiments corporels, puis, enfin, rapatriés lorsque leur engagement est venu à son terme.

Toute cette surveillance et tous ces soins ne sauraient empêcher un esprit impartial de condamner l'immigration au point de vue moral. C'est un procédé qui rappelle l'esclavage, qui juxtapose des populations sans intérêts communs, mine la société coloniale, y entretient de lamentables divisions. Au point de vue économique ses conséquences ne sont pas moins fatales, car il est difficile de nier que la facilité de se procurer des bras par l'immigration ait été une des causes de l'abandon des habitations par les noirs (2).

Un pareil jugement doit-il nécessairement conduire à supprimer l'immigration en un jour, en une heure, sans aucune préparation comme vient de le faire le conseil général de la Martinique (3)? Les esprits sans passion se refusent à

---

(1) Victor Schœlcher. « *Polémique coloniale.* »

(2) Leroy Beaulieu : « *De la colonisation chez les peuples modernes.* »

(3) Le conseil général de la Martinique, dans lequel des discussions ardentes s'élevaient depuis plusieurs années entre les deux partis, a adopté la résolution suivante dans sa session ordinaire de 1884 :

« A l'avenir, aucun recrutement de travailleurs étrangers ne pourra être fait aux frais ni par l'intermédiaire de la colonie.

« Le travail réglementé est aboli. L'administration est priée de

l'admettre. Les colonies à sucre de la Grande-Bretagne, à une ou deux exceptions près, font usage, comme les nôtres, de la main-d'œuvre indienne. Si donc on a pu dire avec raison que l'immigration était un de ces remèdes « qui ne servent qu'à prolonger les souffrances du patient sans pouvoir le guérir », il n'en est pas moins vrai qu'il serait imprudent d'interrompre brusquement ce remède, surtout dans un temps de crise sucrière comme celui que traversent nos colonies.

L'immigration est suspendue à la Réunion depuis le mois de novembre 1882, par suite de certaines exigences du gouvernement de l'Inde auxquelles le conseil général de l'île n'a pas cru pouvoir consentir; elle vient d'être supprimée à la Martinique : dans l'une et l'autre de ces colonies les planteurs font entendre les plaintes les plus vives.

On comptait, en 1883, 20,000 immigrants à la Martinique et 50,000 à la Réunion. De combien ont baissé ces chiffres en deux ans? On ne saurait le dire, mais ce qui est bien certain, ce que l'on sait en France, ce que la Chambre de commerce de Bordeaux n'a pas craint d'écrire au ministre de la marine au lendemain du vote du conseil général de la Martinique, c'est que la suppression de l'immigration dans nos colonies porte un coup nouveau aux plantations et accentue la crise qui pèse sur les sucres coloniaux.

Il paraît, en effet, qu'aujourd'hui comme déjà en 1850 et 1860, une grande partie des planteurs, sinon la majorité, estime qu'il est sur les « habitations » des services auxquels le créole ne peut s'astreindre, certains travaux exigeant

---

mettre la législation locale en harmonie avec ce principe de droit commun, et de se conformer aux prescriptions de l'art. 23 de la convention du 1er juillet 1861.

« Aucun contrat passé sous le régime actuel ne sera renouvelé. La prime de réengagement est en conséquence supprimée. »

Le département de la marine et des colonies a cru devoir ratifier cette grave « résolution ».

une assiduité qui répugne à sa nature. C'est pour ce motif que les planteurs demandent des Indiens. Ils ne peuvent se dispenser de ces travailleurs (1). La main-d'œuvre indienne leur coûte cher cependant. Elle impose des charges, des responsabilités particulières, et la journée du coolie revient au minimum à 1 fr. 50, tandis que le salaire indigène est tombé quelquefois jusqu'à 75 centimes (2).

On peut certainement penser que les plaintes des partisans de l'immigration sont exagérées. Entraînés dans une routine qu'ils ont héritée de leurs devanciers, ils conservent certainement contre le travail créole des préventions que l'ardeur des discussions et des polémiques est malheureusement loin d'apaiser (3).

Mais l'exposé impartial de la question ne fait-il pas

---

(1) Conseil général de la Guadeloupe. Séance du 10 janvier 1881. M. Dubos.

(2) Conseil général de la Martinique. — Séance du 18 décembre 1884. — M. Osman Duquesnes.

Il faut remarquer que lorsque le chiffre de 75 centimes a été donné, la Martinique traversait une crise. Les salaires y avaient été longtemps plus élevés, comme ils le sont à la Guadeloupe et à la Réunion. M. Souques, un des principaux planteurs de cette dernière colonie, constatait dans la séance du conseil général du 10 janvier 1881 que dans les établissements industriels de la Réunion, les salaires variaient entre 2 et 4 francs. Et il ajoutait, pour montrer que l'immigration ne réduit pas les travailleurs créoles à la misère : « Que sont donc devenus les cultivateurs créoles ? (remplacés par les Indiens sur les plantations). Ils se sont transportés ailleurs ; les uns sont actuellement petits propriétaires, colons partiaires ; les autres travaillent dans les usines durant toute l'année ou pendant six mois ; cultivant leurs terres pendant le reste du temps ; d'autres enfin sont ou charretiers, ou laboureurs, ou économes, ou gardiens d'habitation : ils constituent en un mot l'état moyen de la grande propriété, ce que j'appellerai l'aristocratie du travail. »

(3) Au cours d'une polémique, le *Nouveau Salazien* de la Réunion écrivait : « Consultez donc nos propriétaires et demandez leur opinion à cet égard. Le travail libre, sans autre contrepoids que l'article 1142 du Code civil, mais c'est la ruine, la banqueroute, c'est la fermeture de tous nos ateliers ! »

comprendre combien il est dangereux de la trancher en un jour, d'un trait de plume ?

Aussi beaucoup d'hommes compétents pensent-ils que le conseil général de la Martinique a commis une faute en votant la « résolution » reproduite plus haut (1), et que l'administration des colonies a été imprudente en la ratifiant.

C'est peu à peu, par des mesures successives et graduées, après une enquête sérieuse et impartialement conduite, que l'on doit arriver à la suppression complète de l'immigration indienne, qui est un mal, qui est une tache.

En évitant les secousses, les mesures radicales, on conjurera une crise qui pourrait profondément atteindre nos colonies. Peut-être aussi la suppression de l'immigration sera-t-elle facilitée par la constitution de la petite propriété, qui gagne tous les jours aux Antilles et à la Réunion, et par la substitution lente mais certaine, dans ces colonies, de la culture du café et de quelques autres produits, à celle de la canne sérieusement menacée par la concurrence que lui fait en Europe le sucre de betterave.

(1) La lecture des discussions montre que le conseil a obéi dans ce vote à deux arguments principaux développés ici ; l'argument moral : l'immigration est une forme du servage ; l'argument économique : les immigrants ne font pas une concurrence libre aux travailleurs créoles, puisqu'ils sont introduits dans la colonie avec l'aide de crédits fournis par le budget local.

III

GUYANE FRANÇAISE.

Triste situation de cette colonie. — Elle n'a jamais été prospère. — Population et commerce. — Les mines d'or. — La Guyane est un placer. — Navigation. — Comparaison avec les Guyanes hollandaise et anglaise.

Notre colonie de la Guyane n'a jamais compté parmi nos plus florissantes.

Cette « France équinoxiale » sur laquelle on avait fondée au XVIII° siècle de grandes espérances, et où, à deux reprises, sous le ministère Choiseul et sous la Restauration on a fait sur une grande échelle des tentatives de colonisation et d'immigration officielles, est toujours demeurée dans un état de médiocrité. L'abolition de l'esclavage lui a en outre porté au milieu de ce siècle un coup funeste dont elle n'a jamais pu se relever. Il faut rendre l'administration responsable, au moins en partie, de cet état de choses; car elle a commis à la Guyane de nombreuses erreurs économiques, et elle a pris plusieurs mesures vexatoires après l'acte de 1848.

On a transporté les forçats dans cette colonie pendant treize ans (1). L'immigration indienne y est supprimée depuis 1876.

---

(1) Les condamnés aux travaux forcés ont été transportés en Guyane de 1852 à 1864. Depuis cette dernière date on n'y envoie que les condamnés arabes ou noirs, les blancs étant dirigés sur la Nouvelle-Calédonie.

Il est aujourd'hui question d'y envoyer les récidivistes. On ne saurait prévoir dès maintenant les résultats que pourra donner une semblable tentative de colonisation pénale.

Les statistiques permettent de constater la triste situation de cette immense contrée (120,000 kilomètres de superficie, environ le quart de la France), assez riche si elle était exploitée pour fournir à la fois en abondance le sucre, le café, les bois et le bétail.

La population reste stationnaire : 25,000 habitants en 1867, — 25,000 habitants en 1883. Dans ce chiffre on compte 1,100 hommes de garnison, 2,600 indiens et environ 3,400 transportés. Les cultures sont abandonnées de plus en plus. En 1883 le roucouyer (plante tinctoriale) couvre 420 hectares, le caféier 414, le cacaoyer 244, la canne à sucre 15 ; tous les efforts se portent vers l'exploitation des mines d'or.

Le commerce général était en 1867 de 12,854,000 francs ; il n'est plus en 1883 que de 8,962,000 francs. Dans ce chiffre les exportations de la France pour la colonie s'élèvent à 5,844,000 francs, et les importations de la colonie en France à 337,000 francs seulement (1). La Guyane reçoit de l'étranger pour 2,557,000 francs de marchandises et lui en envoie pour 56,000 francs. Son mouvement d'affaires avec les colonies françaises complète ce tableau. Si les exportations de la métropole pour la colonie atteignent la somme relativement élevée de 5,844,000 francs, c'est que le ministère de la marine envoie de France les vêtements, les vivres, le matériel et généralement toutes les choses

(1) Les exportations de la France pour la colonie, 5,844,000 francs appartiennent au commerce spécial, et dans le chiffre des importations de celles-ci en France, 335,000 fr. restent au commerce spécial.

nécessaires à la transportation et aux troupes, les ressources de la colonie étant nulles.

Il convient d'ajouter toutefois que l'exploitation des mines relève le chiffre des exportations de la colonie, qui est avant tout *un placer*. En 1883, la Guyane, aurait envoyé en France, d'après les tableaux statistiques, pour 5,398,000 francs d'or (1.894 kilogrammes). Ce chiffre est bien au-dessous de la réalité. La colonie exporte *officiellement* par an 1,800 à 1,900 kilogrammes d'or, mais il est de notoriété publique que sa production approche de 5,000 kilogrammes, dont plus de 3,000 par conséquent sortent en fraude.

On pourrait donc dire que les exportations réelles de la colonie s'élèvent à environ 14,660,000 francs sur lesquels 14,250,000 francs d'or (le kilogramme d'or étant calculé à 2,850 francs, prix en Guyane), et son commerce général à 23,212,000 fr.

Mais il convient de s'en tenir aux chiffres officiels. Les exportations d'or de la Guyane à destination de France s'étant élevées en 1883 à 5,398,000 francs, il faut considérer que le chiffre réel des importations de cette colonie en France est de 5,735,000 francs (5,398,000 d'or et 337,000 francs de produits divers). En même temps le commerce total de la colonie doit être porté à 14,360,000 francs (5,398,000 d'or exportés ajoutés aux 8,962,000 francs de marchandises et produits divers exportés et importés).

Le mouvement de la navigation donne un total de 191 navires dont 111 français (jaugeant 41,000 tonneaux) et 80 étrangers.

La Guyane hollandaise et la Guyane anglaise sont dans une situation plus favorable que notre colonie, sans être cependant extrêmement prospères. Ainsi la Guyane anglaise, d'une superficie de 220,000 kilomètres carrés, compte 237,000 habitants ; son mouvement commercial est de 132 millions et demi.

Deux choses font défaut à notre colonie, les capitaux et surtout les bras (1).

(1) Depuis 1876 le gouvernement anglais de l'Inde se refuse à autoriser le recrutement sur son territoire d'immigrants à destination de notre colonie de l'Amérique du Sud, parce que la mortalité des travailleurs indiens envoyés pour la plupart sur les placers avait été trop considérable.
Dans ces dernières années le conseil général de la colonie a réclamé instamment le rétablissement d'une immigration régulière, « indienne, » « chinoise, » ou même « africaine », afin d'aider au relèvement de la Guyane.

IV

SAINT-PIERRE ET MIQUELON.

Saint-Pierre et Miquelon dans notre histoire coloniale. — Prospérité de ces établissements. — Importance de la pêche de la morue. — Chiffres du commerce et de la navigation. — Primes « d'armements » et « primes sur les produits ».

Deux îlots froids et presque perdus dans les brumes, voilà tout ce qui reste aujourd'hui de nos immenses possessions de l'Amérique du Nord. Le petit combat d'Abraham en 1759, où furent vaincus les Français commandés par Montcalm, a livré à la race anglo-saxone les trois quarts d'un continent.

Et pourtant Saint-Pierre et Miquelon ne sont pas sans avoir une certaine importance dans notre empire colonial. Ces îlots fournissent à la marine de l'État une pépinière précieuse où se recrutent les meilleurs matelots de la flotte.

D'autre part, ces petits établissements paraissent en voie de prospérité : la population s'est élevée de 2,700 âmes, chiffre de 1863, à 5,500, chiffre de 1883. Dans la même période le commerce total est passé de 9,200,000 francs, à 28 millions (28,099,000 francs.)

Dans cette somme de 28,099,000 fr. les exportations de la France pour la colonie s'élèvent à 3,287,000 francs ; — les importations de la colonie en France à 11,972,000 francs ; — les exportations de l'étranger pour la colonie à 7,647,000 francs ; — les importations de la colonie à l'étranger à

2,570,000 francs; — et ses importations dans les colonies françaises à 2,493,000 francs (1).

On voit que la part des importations des produits étrangers à Saint-Pierre et Miquelon est considérable et dépasse de beaucoup celle des produits français. C'est en Amérique en effet que le commerce local s'approvisionne des bois, des matériaux, des meubles, des vivres nécessaires à la colonie.

En 1883, le mouvement général de la navigation, entrées et sorties réunies, accuse 5,745 navires et barques, dont 3,361 français jaugeant 194,000 tonneaux. Ces derniers chiffres se décomposent en 504 navires français (65,000 t.) montés par 3,700 matelots et pêcheurs venus des ports de France pour se livrer à la pêche de la morue, et en 1,179 barques (31,000 t.) montées par 3,360 hommes et armés dans la colonie sous pavillon français.

Une somme de 2 millions ou 2 millions et demi est inscrite annuellement au budget du ministère du commerce pour favoriser l'industrie de la pêche à la morue par des « primes d'armement » et des « primes sur les produits ». Les armateurs des navires qui pêchent sur les côtes de Saint-Pierre et Miquelon bénéficient de ces primes aussi bien que ceux qui se rendent sur le banc de Terre-Neuve. En « protégeant » ainsi, à l'aide d'un crédit, les pêches maritimes, l'État poursuit un double but : former de bons marins et mettre à bas prix dans le commerce une denrée qui entre pour une forte part dans l'alimentation des populations pauvres.

(1) Les Antilles françaises importent directement à elles seules 1 million et demi de morue pour la nourriture de leurs immigrants.

V

SÉNÉGAL — RIVIÈRES DU SUD — SOUDAN.

Le Sénégal colonie de commerce. — Son étendue. — Sa population. — Les traitants et les caravanes. — Progrès de la colonie. — Importance du commerce. — Principaux objets d'importation. — Les maisons françaises. — Navigation.
Les Rivières du Sud. — Comment se fait la « traite ». — Richesse du « Bas de côte ». — La Cazamance. — Le Rio Nunez. — Le Rio Pongo. — Évaluation du commerce des rivières. — Maisons françaises et maisons étrangères.
La France à Bamakou. — Le Soudan occidental. — Ce que l'on sait sur ces régions nouvelles. — Leurs produits et leur avenir.
Le commerce du Sénégal dans une douzaine d'années.

Le Sénégal est une de nos plus anciennes colonies. Il était visité par les marchands de Dieppe et de Rouen dès le xive siècle. Lorsqu'il nous fut rendu en 1815, il ne comprenait que quelques comptoirs : Saint-Louis, Dakar... peu fréquentés, sans grande importance. Son développement, d'abord lent et difficile devint sensible dès les premières années de l'Empire, sous le gouvernement du colonel Faidherbe.

Cet officier inaugura au Sénégal une politique d'expansion toujours continuée depuis lors, et qui nous a conduits en 1883 à Bamakou sur le Niger. Nos négociants suivirent partout nos soldats, sollicitant les indigènes au commerce. Aussi le Sénégal, qui a dû subir même dans ces dernières années plus d'une crise, est-il incontestablement en voie de prospérité.

Tandis que les Antilles et la Réunion sont des colonies de plantation, le Sénégal est et ne sera jamais qu'une colonie de commerce. Les Européens y viennent peu, ne peuvent guère s'y acclimater, ne s'établissent jamais qu'avec esprit de retour. Pour de pareilles colonies qui conviennent à l'état économique et social de la France, un grand mouvement d'émigration de la métropole n'est pas nécessaire. Il suffit qu'un certain nombre de négociants riches en capitaux viennent dans la colonie, créent des comptoirs, entrent en relations commerciales avec les indigènes. Plus ces négociants s'avanceront au loin dans l'intérieur, plus ils donneront de besoins aux indigènes pour les obliger à produire une grande quantité d'objets d'échange, plus la colonie sera prospère.

C'est ainsi que, depuis quelques années, nos commerçants sont parvenus à faire cultiver l'arachide par les noirs dans des proportions relativement considérables, grâce à l'appât irrésistible du sel, des verroteries, de l'ambre, des eaux-de-vie, des armes, de la poudre, du plomb, des toiles dites *guinées*, qu'ils leur offrent en échange de ce produit devenu la principale exportation de notre colonie depuis que la gomme est moins demandée.

Il est difficile d'évaluer la population du Sénégal. Cette grande région est habitée par des races différentes qui ne sont pas complètement soumises à la France. Une domination absolue n'est du reste pas nécessaire dans une colonie de commerce. La plupart des pays sont placés sous notre protectorat ou liés à nous par des traités d'amitié; et même quelques-uns d'entre eux assez turbulents nous créent à certains jours des difficultés. Les statistiques évaluent à environ 190,000 âmes la population habitant dans le rayon de nos villes et de nos postes. Dans ce chiffre ne sont pas compris les indigènes du Haut-Sénégal et de ses affluents.

Les statistiques de 1883 présentent la situation commerciale de la colonie comme très satisfaisante. Le commerce général s'élève à 47,212,000 francs, alors qu'il n'était que de 28 millions et demi en 1878, de 33 millions en 1879 et de 44 millions en 1880. Il est vrai que les travaux des chemins de fer du Haut-Fleuve et de Dakar-Saint-Louis, les grandes importations de matériel qu'ils nécessitent, entrent pour partie dans cette prospérité. Toutefois, le vrai commerce est lui-même en progrès. Les traitants des maisons de Saint-Louis suivent nos soldats, remontent le fleuve au-dessus de Bakel jusqu'à Bafoulabé, vont à la rencontre des caravanes du Soudan, et les indigènes de ces pays jusqu'ici inexplorés, frappés des prix rémunérateurs qu'ils tirent de leurs graines, ensemencent de nouvelles terres.

Le chiffre total du commerce de 1883, 47,212,000 francs, se répartit de la façon suivante :

Commerce entre la France et la colonie.

Exportations de France pour la colonie..	8,607,000 fr.
Importations de la colonie en France....	20,508,000
	29,115,000 fr. (1)

(1) Ces deux chiffres sont empruntés aux *Statistiques coloniales*. Le premier appartient au « commerce spécial », le second au « commerce général ». — Il faut remarquer, en les reproduisant, qu'ils ne concordent pas avec ceux donnés dans la publication annuelle de la Direction générale des douanes. Celle-ci consacre en effet un tableau au commerce du « Sénégal y compris les Établissements français de la Côte d'Or et du Gabon » dans lequel on lit : Exportations de France 26,532,000 francs (commerce général) dont 8,607,000 au commerce spécial; — importations en France 20,508,000 francs (commerce général) dont 20,390,000 fr. au commerce spécial.

Il existe, on le voit, une différence importante entre ces deux docu-

Commerce de Saint-Louis avec les colonies françaises et l'étranger.

Exportations des colonies pour le Sénégal.	996,000 fr.
Importations du Sénégal dans les colonies.	358,000
Exportations de l'étranger pour le Sénégal.	7,096,000
Importations du Sénégal à l'étranger.....	nulles
	8,423,000 fr.

Commerce de Gorée avec les colonies françaises et l'étranger.

Exportations des colonies pour le Sénégal.	1,906,000 fr.
Importations du Sénégal dans les colonies.	3,532,000
Exportations de l'étranger pour le Sénégal.	2,690,000
Importations du Sénégal à l'étranger.	1,546,000
	9,674,000 fr.

Il résulte de ces chiffres que le Sénégal a un commerce de 29,115,000 francs avec la France, — 11,305,000 francs avec l'étranger, — et 6,792,000 francs avec les colonies françaises (1). Il reçoit pour 8,607,000 francs de marchandises françaises et pour 9,759,000 francs de marchandises étrangères. La France vend au Sénégal du vin, du biscuit de mer, du sucre, des machines et rails, des *guinées* fabriquées dans nos comptoirs de l'Inde; l'étranger, des *guinées* belges et anglaises, des tissus de coton, des fusils,

---

ments. Ainsi il résulterait des statistiques de l'administration des colonies qu'il est vendu au Sénégal seul pour 8,607,000 francs de produits français — tandis que, d'après celles de l'administration des douanes, a vente de ces 8,607,080 francs de produits français serait partagée entre le Sénégal, les Établissements français de la Côte d'Or et le Gabon.

On suivra ici les données des *Statistiques coloniales*, qui, comme on le remarquera plus loin, publient des chiffres spéciaux pour nos Établissements de la Côte d'Or et du Gabon.

(1) Il faut noter que le commerce d'exportation de Gorée pour les colonies françaises et l'étranger est presque entièrement un commerce de cabotage avec la colonie anglaise de Sierra Leone et les Rivières du Sud. Gorée réexporte sur ces points des marchandises françaises et étrangères importées au Sénégal.

de l'eau-de-vie.... Les produits de la colonie sont : les arachides, qui forment le principal article d'exportation, l'huile et les amandes de palme, les gommes, le caoutchouc, les plumes de parure, les oiseaux vivants, les peaux, la cire, l'ivoire.

Le mouvement général de la navigation des deux ports de Saint-Louis et de Gorée, entrées et sorties, a été en 1883 de 1,453 navires, sur lesquels 1,300 (jaugeant 239,000 tonnes) portaient le pavillon français.

Saint-Louis, malgré un banc à l'entrée du fleuve, qui rend l'accès du port difficile, a en quelque sorte le monopole des relations avec la France : 478 navires et 167,000 tonneaux; Gorée, au contraire, le meilleur port de la côte occidentale d'Afrique jusqu'au Gabon, reçoit de petits bâtiments qui font un cabotage actif entre la Gambie anglaise, les Rivières du Sud et Sierra Leone : 824 navires et 71,000 tonneaux. Les statistiques ne donnent pas le mouvement des ports de Dakar et de Rufisque qui doit présenter une certaine importance.

On voit que presque tous les bâtiments qui font le commerce du Sénégal sont français. Ceux qui portent le pavillon anglais ou américain ont été affrétés par les maisons de Bordeaux ou de Marseille. Le commerce français est en effet seul au Sénégal, et nous n'avons aucune autre colonie dans cette situation; malheureusement, il doit, pour répondre au goût des indigènes, faire plus de la moitié de ses importations en marchandises étrangères. Deux de nos grands ports font presque seuls le commerce de notre colonie : Bordeaux et Marseille. Bordeaux fréquente surtout Saint-Louis; la première maison bordelaise est celle de Morel et Prom; et Marseille, Gorée-Dakar; la première maison marseillaise est la « Compagnie du Sénégal et de la côte occidentale d'Afrique ».

Les droits de douane fixés par décret du Président de la

République sont modérés : 5 p. 100 ad *valorem* sur toutes les marchandises importées. Par exception le tabac et les armes payent 10 et 15 p. 100. Ces droits tombent avec le produit de l'*octroi de mer* de Saint-Louis et Dakar dans le trésor local. Depuis quelques années le gouvernement français a assuré un traitement de faveur aux *guinées* françaises et d'origine indienne qui acquittent à leur entrée dans la colonie un droit moins élevé que les *guinées* étrangères (1); mais cette taxe différentielle n'a pas éloigné les cotonnades anglaises et belges. Gorée est port franc.

Il est regrettable, ainsi qu'on l'a remarqué plus haut, que les *Statistiques coloniales*, après avoir donné les chiffres du mouvement d'affaires de Saint-Louis et de Gorée, ne mentionnent pas le commerce des Rivières du Sud : la Cazamance, le Rio Nunez, le Rio Pongo et la Mellacorée. Il a une importance de plusieurs millions et ne peut être confondu avec celui du Sénégal.

De nombreux navires font un commerce direct entre l'Europe (Marseille et Liverpool surtout), et cette côte. Ces navires, d'un tonnage moyen, doivent entrer le plus souvent dans diverses rivières pour compléter leur chargement; souvent aussi ils touchent à Sierra Leone, aux îles de Loos, à Sainte-Marie de Bathurst. En même temps des caboteurs appartenant au port de Gorée visitent toute l'année les Rivières du Sud : ils y importent des marchandises européennes prises au Sénégal, et y chargent les produits indigènes qu'ils rapportent à Gorée.

Si les statistiques ne permettent pas de fixer ce double mouvement, qui d'ailleurs serait assez difficile à saisir, on

---

(1) Les *guinées* « fabriquées en France ou dans les colonies françaises » payent 2 centimes et demi par mètre, — celles « de toute autre origine », 6 centimes et demi.

peut cependant assurer que le commerce des Rivières du Sud est en pleine prospérité. Les renseignements officiels fournis par le ministère des colonies en font foi et aussi les témoignages des négociants français, anglais et allemands établis sur toute cette côte.

Le commerce des Rivières comprend deux genres distincts : la *traite* des produits cultivés dans le territoire des rivières mêmes (graines oléagineuses) et la traite des produits de l'intérieur dits *produits riches* (sésames, cuirs, caoutchouc, gomme, cire, or...). Ces derniers, apportés par des caravanes, constituent la plus grosse part des bénéfices des négociants. Ceux-ci tendent de plus en plus à nouer des relations avec les tribus de l'intérieur et estiment qu'actuellement le *bas de côte* est plus riche que le Sénégal lui-même.

Sur cette terre très fertile, plusieurs cultures pourraient être entreprises en grand : le café, le coton, — la vigne peut-être aussi ; des essais ont été tentés. Malheureusement les noirs sont très paresseux.

Chaque année, la *campagne de traite* dure cinq mois, de décembre à avril. Les indigènes viennent échanger leurs produits dans les factoreries construites sur la côte, sur les rivières, où ils rencontrent des traitants noirs et quelques blancs au service des maisons européennes. Les *campagnes* varient souvent beaucoup d'une année à l'autre : les villages ont-ils ensemencé leurs champs en paix, la campagne est bonne ; se sont-ils au contraire battus entre eux, pillés, brûlés, la campagne est mauvaise.

Les chiffres que l'on donne ici sur les exportations des Rivières sont très incomplets. Ils peuvent tout au plus donner une idée de leur richesse (1).

Les deux postes de Carabane et Sedhiou dans la Cazamance ont exporté, en 1883, 5,230,000 kilogrammes d'ara-

---

(1) *Notices coloniales publiées à l'occasion de l'Exposition d'Anvers.*

chides, — 183,000 kilogrammes d'amandes de palme (1), — 53,000 kilogrammes de caoutchouc, — du riz, — des oiseaux...

La même année la valeur totale des exportations du Rio Nunez s'est élevé à 1,500,000 francs.

En 1878, — ce chiffre est bien vieux! — le Rio Pongo a exporté pour 286,000 francs de caoutchouc, 2 millions de kilogrammes d'arachides, 1 million de kilogrammes d'amandes de palme...

Enfin la « Compagnie française du Sénégal et de la côte occidentale d'Afrique » déclare avoir exporté, en 1882, 500,000 francs de produits de ses factoreries de la Mellacorée. Une maison anglaise établie à côté peut avoir fait le même chiffre d'affaires.

Les articles de fabrication européenne servant aux échanges avec les indigènes et les caravanes sont les tissus de coton et de laine, le madapolam, les *guinées*, les armes, les spiritueux, la quincaillerie, les faïences, la parfumerie, le sel, etc. Leur origine est le plus souvent anglaise ou allemande. Quant aux produits français leur qualité est appréciée par les indigènes, mais d'un prix plus élevé que leurs similaires étrangers et sont moins demandés. Les longs fusils dits « birdings », de provenance belge et anglaise, avec la monture peinte en rouge ou en noir se vendent aux caravanes pour la somme de 25 francs beaucoup mieux que toutes les autres armes (2). Les négociants évaluent le commerce des Rivières à 8 ou 10 millions. Il est fait surtout par des maisons françaises de Marseille et de Nantes : la première est la « Compagnie du Sénégal »; à côté d'elle sont des factoreries anglaises, allemandes, —

---

(1) Les arachides et les amandes de palme se vendent environ 20 francs les 100 kilogrammes.

(2) « *Les dépendances du Sénégal* », par Charles Bour, commandant de cercle dans les Rivières du Sud.

Randall et Fisher (anglaise), Colin, (allemande)... — et des traitants sierra-léonais.

Après une période de calme qui avait duré plusieurs années, le gouvernement a décidé de suivre, il y a huit à neuf ans, dans le Haut-Sénégal, une politique de grande expansion. Elle a porté le drapeau français de Médine, — poste avancé du colonel Faidherbe sur le Sénégal, — à Bamakou sur le Niger.

La mission Galliéni, les marches hardies du colonel Borgnis-Desborde, les voyages de politique et d'exploration du Dr Bayol, sont encore présents à toutes les mémoires.

Si le chemin de fer projeté du Sénégal au Niger — de Kayes à Bamakou — a dû être abandonné après trois campagnes (1881-1884) pendant lesquelles on n'a construit que 54 kilomètres de voie exploitable, — la France s'est du moins assuré cette route du Niger par la construction d'une ligne de forts étagés sur une distance de près de 600 kilomètres : Kayes, Bafoulabé, Kita, Koundou, Niagassola, Bamakou, et enfin Koulikoro, fortin établi il y a quelques mois seulement sur les bords du fleuve, à 40 kilomètres en aval de Bamakou. Une canonnière française fait flotter ses couleurs sur le grand cours d'eau de l'Afrique centrale ; elle vient de visiter le sultan Amadou de Ségou-Sikoro.

Ainsi entre en relations politiques avec la France toute cette contrée que Mage a appelée le *Soudan occidental*. Les relations commerciales on déjà suivi. On peut donner au Soudan occidental comme limites les neuvième et seizième degrés de latitude nord et les sixième et quinzième degrés de longitude à l'ouest de Paris. Il comprend les vallées de la Falemé, du Bafing, du Bakoy, du Baoulé, affluents du Sénégal, et la vallée supérieure du Niger depuis ses sources jusqu'à Ségou-Sikoro et le lac Déboé.

Les renseignements que les commerçants et les explorateurs ont apportés jusqu'ici, bien que très incomplets, permettent de penser que le commerce d'échange prendra dans ces contrées un assez grand développement. Les populations, qui appartiennent à la race *maure* et à la race *nègre*, sont denses sur certains points et n'ont que peu d'industrie. Aussi recherchent-elles avec envie les premiers objets de traite que fabriquent les Européens et donnent-elles pour se les procurer les richesses de leur sol qui produit presque sans culture.

De ces pays nouveaux, c'est la région du Haut-Sénégal qui est la plus connue. On y trouve le coton, l'indigo, le tabac, la soie végétale, le beurre végétal... Cette soie a paraît-il, été déjà travaillée chez un industriel de Lille ; quant au beurre végétal il peut fournir une graisse excellente pour l'industrie. Les indigènes récoltent partout des arachides, recueillent de l'or dans le Bouré. On espère enfin trouver du cuivre et du fer sur les rives du Sénégal et dans les massifs du Fouta-Djallon. Sur le Niger les noirs apportent à nos traitants l'ivoire, la poudre d'or, la laine, les plumes d'autruche, les peaux, l'indigo, la gomme arabique... et demandent, en échange, du sel, des *guinées*, des armes.

Le Dr Bayol a visité, il y a deux ans, le Bélédougou, le Fadougou, le Mourdiari, régions fertiles situées au nord du Niger. Mourdia est, paraît-il, un des riches marchés du Soudan : les races de la Nigritie s'y mêlent aux Maures, et des caravanes partent de Mourdia, traversant le désert par l'oasis du Tischit pour aller échanger au sud du Maroc leurs produits contre les marchandises européennes. Ces régions seraient plus peuplées et plus riches que celles du Haut-Sénégal.

La prudence commande de ne pas s'exagérer les richesses de ces diverses régions du Soudan occidental; certains récits sont trop enthousiastes. Aussi n'est-il pas téméraire de penser qu'il faudra peut-être cinquante ans ou plus pour arriver à nouer avec ces pays des relations commerciales d'une certaine importance.

Toutefois, la route du Niger étant ouverte et sûre, le chemin de fer de Dakar à Saint-Louis en exploitation, on peut espérer que le commerce de notre colonie du Sénégal continuant à croître aura doublé dans une douzaine d'années : il est aujourd'hui de 47 millions — il atteindra alors 90 ou 100 millions (1).

(1) Tandis que la colonie française s'enfonce comme un coin dans le Soudan, ouvrant ainsi des routes nouvelles aux négociants du Sénégal, les Anglais ne restent pas inactifs. Au nord, une compagnie privée, établie dans le Sous, au cap Juby, appelle les caravanes de la région de Tombouctou, — au sud, les colons de Sierra Leone cherchent par la Rokelle et les Scarcies à gagner le Haut-Niger et le Fouta-Djallon.

VI

ÉTABLISSEMENTS FRANÇAIS DE LA COTE DE GUINÉE, NIGER ET BENOUÉ.

Les possessions françaises, anglaises et allemandes sur le golfe de Guinée. — Importance du commerce de cette côte.
Grand-Bassam et Assinie.
Porto Seguro. — Petit-Popo. — Agwey. — Abaranquem. — Grand-Popo.
Commerce des maisons françaises et des maisons étrangères.
Le Porto Novo et son avenir commercial. — Deux grandes maisons marseillaises. — La colonie anglaise de Lagos.
Le commerce du Niger et de la Benouë abandonné par deux maisons françaises. — Le protectorat anglais sur cette région.
La Conférence de Berlin — Liberté de la navigation du Niger et de ses affluents.

La France a sur les côtes du golfe de Guinée des intérêts politiques et commerciaux importants. Ses établissement rompent la ligne des possessions anglaises, et sont à leur tour pénétrés par les protectorats allemands et portugais (1). Le commerce français rivalise avec le commerce anglais et allemand. Grand-Bassam et Assinie sont deux comptoirs où le drapeau français flotte depuis plus de

(1) Les possessions anglaises sont : la colonie de Cape Coast Castle, qui est limitée au nord par le royaume des Achantis et à l'ouest par le territoire français d'Assinie, — et celle de Lagos qui confine à l'ouest au protectorat français de Porto Novo.

L'Empire d'Allemagne a depuis l'année dernière établi son protectorat sur les petits pays de Bageita et de Togo, ainsi que sur le Porto Seguro où la France a renoncé à ses droits. Ces troits petits pays sont voisins des Popos.

Enfin le Portugal vient d'établir son protectorat sur les côtes du royaume de Dahomey (octobre 1885).

quarante ans. Notre protectorat, proclamé en 1863 sur le royaume de Porto Novo, puis abandonné, y a été rétabli en 1882 ; — enfin un décret du Président de la République, en date de juillet 1883, a accepté les demandes de protection qui avaient été adressées au gouvernement par les chefs des Popos.

Toute cette longue côte, qui s'étend des frontières méridionales de la République de Libéria aux bouches du Niger, est extrêmement riche et fertile. Elle est couverte de factoreries françaises, anglaises, allemandes, portugaises, qui font un commerce important. En échange des produits européens, étoffes, poudre, armes, liqueurs, tabac, verroteries... les négociants obtiennent des arachides, de l'huile de palme en quantités considérables, des bois de teinture, de l'ivoire, de la poudre d'or, de l'indigo, du coton, du café, du poivre. Les produits du sol seraient plus abondants encore si les indigènes renonçaient à leurs habitudes de paresse.

Le commerce de nos comptoirs de Grand-Bassam et Assinie est fait presque tout entier par la maison française Verdier, de La Rochelle, et la maison anglaise Swanzy. Aucune statistique n'a été dressée, mais les publications officielles et les résidants français fournissent quelques renseignements. Grand-Bassam est plus important qu'Assinie. En un an on y charge 19 navires représentant ensemble 5,340 tonneaux ; — 7 sont français (1,790 tonneaux), — 9 anglais, — 2 américains, — 1 allemand. La maison Verdier fait environ de 800,000 francs à 1 million d'affaires par an, et la maison Swanzy 500,000 francs.

M. Verdier augmente l'importance de ses établissements, fonde des comptoirs dans la lagune, et fait depuis trois ou quatre ans de grandes plantations de café à Elmina, près d'Assinie. En outre, il cherche à entrer en relations d'affaires avec les Achantis, et leur capitale Kumassi, ville très riche qui a environ 30,000 âmes. Mais il craint de rencontrer dans l'exécution de ce projet l'hostilité du gouvernement anglais de Cape-Coast, désireux de ruiner nos établissements au profit des siens.

Le commerce de Porto Seguro, Petit-Popo, Agwey, Abaranquem, Grand-Popo, centres de *traite* les plus importants de la « côte des Esclaves », est fait par les maisons Regis — aujourd'hui « Mantes et Borelli de Regis » — et Fabre, de Marseille; mais depuis quelques années le commerce allemand, redoutable aussi aux négociants anglais, leur fait une vive concurrence.

La situation de ces deux maisons marseillaises est meilleure dans le Porto Novo, royaume d'environ 150,000 habitants, dont la capitale compte de 20 à 30,000 âmes. Trois maisons de Hambourg y sont cependant établies. Les statistiques des *Notices coloniales pour l'Exposition d'Anvers* estiment le commerce du Porto Novo en 1884 à plus de 9 millions, dont 3,970,000 francs d'importations (1) et 5,055,000 francs d'exportations. Pendant la même année, le mouvement de la navigation présente un total, entrées et sorties réunies, de 178 navires (38,000 tonneaux), sur lesquels 16 bâtiments français jaugeant 4,000 tonnes.

Le Porto Novo est considéré par les négociants et résidents français comme un pays riche et de grand avenir où le commerce se développera rapidement lorsque l'ordre, quelque peu troublé, aura été rétabli, surtout s'il est possible d'entrer en relations d'échanges avec le Dahomey par la

---

(1) 1,007,285 de marchandises françaises, et 2,963,758 francs de marchandises étrangères (genièvre, tafia, poudre...).

lagune de Denham et la rivière de l'Okpara. Celle-ci, au dire des indigènes, viendrait de très loin dans l'intérieur, et les missionnaires français établis à Porto Novo pensent même qu'elle est peut-être en communication avec le cours moyen du Niger.

La colonie de Lagos, voisine du Porto Novo, et occupée par les Anglais depuis 1861, est aujourd'hui la possession européenne la plus prospère du golfe de Guinée. Son commerce total dépasse annuellement 26 millions de francs.

Dans un ouvrage où l'on étudie la situation du commerce français à la côte d'Afrique, on ne peut se dispenser de rappeler que deux maisons françaises, — MM. Desprez et Huchet, de Paris, et la « Compagnie du Sénégal », — ont dû céder, il y a quelques mois, à la *National African Company*, de Londres, les factoreries qu'elles avaient fondées, il y a peu d'années, sur le Bas-Niger et sur son affluent la Benouë.

Il ne leur a pas été possible de lutter longtemps contre l'influence et la concurrence de cette puissante compagnie anglaise qui ne voulait pas souffrir de rivaux à ses côtés.

La *National Company*, appuyée par le gouvernement de Lagos, possède d'importants comptoirs sur le Niger, à Brass River, Abo ou Ibo, Nidouni, Omitcha, Ida, Lokodjo, Egga, Ibadgi, Rabba, sur un petit affluent voisin, l'Afoun, et sur la Benouë. Elle compte 36 à 40 factoreries et 7 navires à vapeur. Grâce à elle le commerce du Niger, depuis son embouchure jusqu'aux rapides de Boussa, — qui n'ont pu encore être dépassés, — se trouve exclusivement dans des mains anglaises.

On doit, du reste, considérer comme placées sous le protectorat britannique les différentes tribus qui habitent le long de la côte, depuis les bouches du Benin jusqu'à la baie d'Ambas et les rives du Niger jusqu'à sa jonction avec la Benouë (1). La France a signé cependant des traités avec plusieurs de ces tribus, mais ils n'ont qu'un intérêt purement commercial et son influence ne saurait balancer dans le Bas-Niger celle de la Grande-Bretagne. En revanche, elle est établie, on l'a vu, sur le Haut-Niger, à Bamakou et Koulikoro.

Ainsi deux nations européennes ont déjà pris position sur le cours supérieur et le cours inférieur du plus grand fleuve du Soudan. Le Niger et la Benouë sont encore aujourd'hui imparfaitement connus. Leur navigation est difficile, interrompue par des rapides ; ils reçoivent sans doute des affluents jusqu'ici ignorés.

Au siècle prochain cet immense système fluvial servira vraisemblablement de voies de pénétration dans une région d'une étendue considérable que les voyageurs et les négociants croient riche et peuplée. C'est pour assurer une situation égale à toutes les nations dans le commerce du Soudan, pour éviter qu'aucune d'elles ne songe à s'assurer un monopole, que la Conférence de Berlin a inscrit dans son « Acte général » du 26 février 1885 le principe et les bases de la liberté de la navigation du Niger et de ses affluents, « pour les navires marchands de toutes les nations (2). »

(1) Mémoire de sir Edward Malet, délégué anglais à la Conférence de Berlin.
(2) Articles 26 et suivants. — L'article 29 porte : « Les routes, chemins de fer ou canaux latéraux, qui pourront être établis dans le but spécial de suppléer à l'innavigabilité ou aux imperfections de la voie fluviale sur certaines sections du parcours du Niger, de ses affluents, embranchements et issues, seront considérés en leur qualité de moyens de communication comme des dépendances de ce fleuve et seront également ouverts au trafic de toutes les nations... » — Art. 30 : « La Grande-Bretagne s'engage à appliquer les principes de la liberté de la navigation énoncés dans les articles 26, 27, 28, 29, en tant que les eaux du Niger... sont ou seront sous sa souveraineté

ou son protectorat.... » — Art. 31 : « La France accepte sous les mêmes réserves et en termes identiques les obligations consacrées dans l'article précédent en tant que les eaux du Niger..... sont ou seront sous sa souveraineté ou son protectorat. »

VII

ÉTABLISSEMENTS FRANÇAIS DU GABON ET DU CONGO.

Présent et avenir de notre colonie du Gabon. — Population. — Commerce. — Ses progrès dans l'Ogowé. — Importance des maisons allemandes et anglaises. — Lignes commerciales étrangères. — Mouvement de la navigation.
La Convention du 5 février 1885 entre la France et l'Association internationale du Congo. — Reconnaissance de l'État libre du Congo. — Extension territoriale de notre colonie. — L'Acte général de la Conférence africaine du 26 février. — Liberté du commerce des nations dans le bassin du Congo. — Conséquences de la Conférence de Berlin. — Les vallées françaises du Nyanga et du Quillou-Niari ouvertes au libre commerce. — Nécessité de modifier le tarif douanier du Gabon.
Quelle est la richesse probable de la région du Congo ? — Le livre de M. Stanley. — Il affirme l'extrême richesse du bassin du Congo. — La part de l'exagération. — Ce que l'on peut espérer. — Les vallées du Niari-Quillou, du Léfini, de l'Alima, de la Licona et du Liboko à la France. — Avenir des Établissements français du Congo et du Gabon.

Lorsque nos marins signaient en 1839 un premier traité avec un des rois nègres du Gabon, ils songeaient seulement à assurer à la France un magnifique estuaire qui est le premier port de la côte occidentale d'Afrique. Aujourd'hui, le bourg de Libreville, résidence du « Commandant supérieur des Établissements français du golfe de Guinée » (1),

(1) Les Établissements de Grand-Bassam, Assinie, les Popos et Porto Novo sont administrés par des « commandants particuliers » qui dépendent du commandant du Gabon. Ce rattachement que rien ne justifie, étant données les grandes distances qui séparent le Gabon des protectorats français du golfe de Bénin, a le double désavantage de retarder l'expédition des affaires et de diminuer la situation de nos

est le jeune chef-lieu d'un immense territoire comprenant, avec le Gabon proprement dit, les bassins de l'Ogowé, du Quillou et de trois ou quatre grands affluents de droite du Congo encore imparfaitement connus.

Mais avant d'analyser les documents diplomatiques qui ont, il y a quelques mois, créé un état de choses nouveau dans l'Afrique centrale, et avant de rechercher les conséquences que la France est en droit d'en attendre, il convient d'indiquer, comme on l'a fait pour toutes nos autres colonies, la situation actuelle de notre Établissement du Gabon.

Les *Statistiques coloniales* déclarent qu'il n'a pas été possible jusqu'ici de recenser la population indigène. Les différentes tribus qui peuplent les rives de l'estuaire du Gabon et des cours d'eau ou les bords du fleuve Ogowé sont, en effet, trop nomades, trop insoumises encore. L'organisation administrative de la colonie est du reste à l'état embryonnaire : le commandant réside à Libreville avec une petite garnison ; et c'est seulement depuis peu de mois que l'on a installé à Lambaréné un résident chargé de la police du bas et moyen Ogowé. Quant à la population européenne, un recensement tout récent (1885) l'évalue à 205 habitants. Sur ce chiffre on compte 130 Français, y compris 36 fonctionnaires, mais non compris la garnison, 27 Anglais, 25 Allemands, 19 Américains...

Le service des douanes du Gabon estime que le commerce total de la colonie s'est élevé en 1884 à 9,262,000 francs. Dans ce chiffre les exportations de la France pour Libreville s'élèvent à 314,000 francs; — les importations de la colonie en France à 112,000 francs; — les exportations de l'étranger pour la colonie à 3,905,000 francs; — et les im-

« commandants particuliers » devant les « gouverneurs » anglais de Cape Coast et de Lagos.

portations de la colonie à l'étranger à 4,929,000 francs (1). Ces chiffres doivent être au-dessous de la vérité, car la fraude est pratiquée au Gabon sur une large échelle. Le chef de la douane de Libreville évaluait le commerce total du Gabon, en 1881, en tenant compte des déclarations aussi bien que de la fraude, à 14 millions. Il ne paraît pas douteux que ce chiffre ait été au moins atteint en 1884, et si on ne le majore pas, c'est que cette année-là certaines mesures prises par M. de Brazza dans l'intérêt de sa mission ont ralenti le commerce dans l'Ogowé. — En 1856 le commerce de la colonie n'était que de 622,000 francs.

On ne saurait douter que le mouvement des échanges ait considérablement augmenté depuis quelques années. Les voyages de MM. Marche, Compiègne et de Brazza dans l'Ogowé ont ouvert des routes nouvelles aux traitants; des noirs venus de l'intérieur leur apportent du caoutchouc, de l'ébène, de l'ivoire, du bois rouge, de la gomme, des arachides, en échange des articles de troque (2).

Mais ce qu'il est pénible de constater, c'est que presque tout le commerce est aux mains des négociants étrangers. Les deux premières maisons sont Woermann, de Hambourg, Hatton et Cookson de Liverpool. Viennent après elles trois autres maisons anglaises, trois maisons portugaises et sept ou huit maisons françaises d'importance trop secondaire. Parmi celles-ci plusieurs sont de fondation récente : « Véglisson Dotrès et Cie », « les Factoreries françaises du Gabon », acquises dernièrement par la maison Daumas et

---

(1) Les *Tableaux statistiques* ne permettent pas de distinguer pour la France entre le commerce général et le commerce spécial, — mais on remarquera qu'il résulte des chiffres cités que sur un commerce total de 9,262,000 francs, le Gabon fait seulement 426,000 francs avec la France, — importations et exportations réunies, — contre 8,834,000 francs avec l'étranger.

(2) En 1883 il a été exporté 1,074 tonnes de caoutchouc. Ce produit se paye à raison de 1 fr. 25 la livre en marchandises.

Béraud déjà établie au Congo depuis de nombreuses années. Il faut un gros capital pour faire le commerce du Gabon ; quelques milliers de francs ne suffisent pas, et jusqu'ici aucune maison française sérieuse n'est venue s'établir à Libreville, si l'on excepte MM. Daumas et Béraud. C'est ainsi que notre colonie appartient aujourd'hui au commerce anglais et allemand. Les traitants des maisons Woermann, Hatton et Cookson parcourent tout le pays, remontent au loin l'Ogowé, et possèdent même sur ce fleuve de petits vapeurs de commerce.

La maison Woermann a récemment organisé une ligne mensuelle de steamers entre Hambourg et Libreville par le Havre et Dakar. En même temps que cette ligne, la « British and African steam navigation Company » fait un service bi-mensuel entre Liverpool et le Gabon. Tandis que ces deux compagnies étrangères de navigation favorisent le mouvement d'affaires des maisons anglaises et allemandes, notre colonie n'est desservie par aucune ligne française (1) ! Comment, dans de pareilles conditions, des négociants français peuvent-ils songer à s'établir au Gabon, et surtout à y vendre des produits français ? Ne sont-ils pas obligés de faire en quelque sorte un commerce presque exclusivement anglais, d'acheter leurs marchandises en Angleterre et d'y envoyer une partie des produits qu'ils reçoivent des indigènes ?

Le mouvement total de la navigation au Gabon a été en 1883 de 318 navires, dont 36 français jaugeant 8,700 tonneaux (la plupart frétés, sans doute, par le ministère de la marine) et 282 navires étrangers jaugeant 90,500 tonneaux. — En 1856 il n'avait été que de 48.

(1) Depuis une année environ, l'administration des colonies a passé un contrat avec une maison de Bordeaux qui s'est engagée à envoyer *tous les six mois* un *bateau transport* en Nouvelle-Calédonie et à Tahiti par la route du Cap. Ce transport s'arrête à Libreville.

La découverte, puis le partage du « noir continent » viennent d'élargir singulièrement l'avenir de notre colonie de l'Afrique équatoriale.

Il n'est besoin de rappeler ici ni les voyages de M. de Brazza, — commencés en 1875, — pour découvrir une route commerciale entre notre comptoir du Gabon et la région du Congo, — ni ceux de M. Stanley, — commencés en 1879 pour le compte de « l'Association africaine du Congo », qui déclarait alors ne poursuivre « qu'un but scientifique et humanitaire ». Ces faits sont présents à tous les esprits. En revanche, il est nécessaire, pour montrer la situation nouvelle faite à notre colonie et rechercher l'avenir qu'elle peut espérer, d'indiquer les principales dispositions de la « Convention entre le gouvernement de la République française et l'Association internationale du Congo » conclue à Paris le 5 février 1885, — et celles de l' « Acte général de la Conférence africaine », signé à Berlin le 26 du même mois.

On sait que les grandes puissances, invitées par l'Allemagne, se sont réunies à Berlin au mois de novembre 1884 dans le but de réglementer le commerce dans le bassin du Congo. La liberté commerciale de cette immense artère et de ses affluents leur paraissait, en effet, menacée par la France, — établie sur l'Alima, affluent de l'Ogôwé, et sur le Congo moyen, — et par l'Association internationale, établie sur le Quillou-Niari et sur la plus grande partie du cours du Congo.

La réunion d'une semblable Conférence était, pour l'Association internationale, dirigée et soutenue par le roi des Belges, l'occasion depuis longtemps cherchée de faire reconnaître par toutes les puissances « le drapeau de l'Association internationale du Congo, comme le drapeau d'un gouvernement ami ». Le nouvel État serait neutre, et souscrivant au désir de l'Europe, respecterait le principe de la liberté du commerce dans toute l'étendue de ses « possessions ».

Le drapeau de l'Association internationale avait déjà été reconnu par le gouvernement des États-Unis (avril 1884). Grâce à la Conférence de Berlin, il le fut en quelques semaines par l'Allemagne, l'Angleterre, l'Italie, l'Autriche-Hongrie, les Pays-Bas et l'Espagne (novembre et décembre 1884, — janvier 1885).

Mais il était plus important et aussi plus difficile pour l'Association d'obtenir une semblable reconnaissance de la France et du Portugal. Ces deux puissances ayant des droits ou des prétentions dans la région du Congo devaient, en effet, consentir à une délimitation de territoires en reconnaissant le drapeau bleu à étoile d'or. Ce fut la France qui traita la première : la Convention du 5 février 1885 détermine la ligne frontière entre les possessions de la France et celles de l'Association. Elle suit au sud le cours du Chiloango (par 5° 12′), rejoint le Congo au-dessus de Manyanga, longe la rive droite du fleuve jusqu'à un point à déterminer en amont de la rivière Licona-Nkundja, puis remonte le 17° degré de longitude est de Greenwich, « en suivant autant que possible la ligne de partage d'eaux du bassin de la Licona-Nkundja, qui fait partie des possessions françaises ».

Il résulte de cet acte que la France peut désormais exercer son influence politique, sans avoir à craindre aucune contestation : dans le bassin du Niari-Quillou, où l'Association avait fondé de nombreuses stations (1), — sur la rive droite du Stanley Pool où M. de Brazza a planté le drapeau français en 1880, ainsi que dans les bassins du Djoué, du Lé-

---

(1) La France s'est engagée à payer au nouvel État le prix à évaluer de ces stations, et le lieutenant de vaisseau Rouvier est parti il y a quelques mois, avec la mission de les visiter.

fini, de l'Alima, de la Licona et sur une partie du cours du Liboko, — affluents de droite du Congo.

Le Portugal traita quelques jours après la France, le 14 février. Il consentait à renoncer à d'anciennes prétentions sur l'embouchure du Congo et laissait au nouvel État un débouché sur la mer.

La Conférence attendait cette dernière convention pour signer son « Acte général ». Il le fut le 26 : « Le commerce de toutes les nations jouira d'une complète liberté : 1° dans tous les territoires constituant le bassin du Congo et de ses affluents ; 2° dans une zone maritime délimitée s'étendant sur l'Océan Atlantique ; 3° dans une zone se prolongeant à l'est du bassin du Congo jusqu'à l'Océan Indien, également délimitée ; — les marchandises de toute provenance importées sur tous ces territoires sont affranchies de droits d'entrée et de transit ; — afin de donner une garantie nouvelle de sécurité au commerce, les parties contractantes s'engagent à respecter la neutralité des territoires placés sous le régime de la liberté commerciale ; — la navigation du Congo, de ses embranchements et affluents, demeurera entièrement libre pour les navires marchands de toutes les nations sans être assujettie à aucune entrave ; — pourront seuls être perçus des taxes ou droits qui auront le caractère de rétribution pour services rendus à la navigation ; — les routes, chemins de fer ou canaux latéraux qui seront établis dans le but de suppléer aux imperfections de la voie fluviale seront considérés en leur qualité de moyens de communication comme dépendances du fleuve et ouverts au trafic de toutes les nations. Enfin une Commission internationale est instituée pour assurer l'exécution de toutes ces dispositions, à l'image de la « Commission du Danube (1). »

(1) Ont signé « l'Acte général » : l'Allemagne, l'Autriche, la Belgique, le Danemark, l'Espagne, les États-Unis, la France, la Grande-

Il n'entre pas dans le plan de cet ouvrage de rechercher si les puissances ont bien assuré une base solide ou tout au moins une *possibilité de vie* au nouvel État du Congo, si elles ne lui ont pas fait une situation difficile en lui interdisant d'établir des droits à l'importation des marchandises et en plaçant à ses côtés une Commission internationale chargée de surveiller l'exécution des dispositions de l' « Acte » (1). Il suffit d'avoir montré que la France, bénéficiant des voyages et des traités de M. de Brazza, a augmenté singulièrement l'étendue et l'importance de sa colonie du Gabon. Elle est aujourd'hui avec le Portugal, dont les établissements sont au sud du grand fleuve, la seule puissance européenne établie dans la région du Congo, — se trouvant ainsi dans une situation privilégiée pour commercer avec les populations de l'Afrique centrale (2).

On doit remarquer à ce sujet que le gouvernement a consenti dans l'Acte de Berlin une concession importante qui a

Bretagne, l'Italie, les Pays-Bas, le Portugal, la Russie, la Suède et Norvège, la Turquie.

(1) « L'État indépendant du Congo » dont le roi est Léopold II de Belgique (vote de la Chambre des Représentants du 15 avril 1885) a son siège à Bruxelles. Il est en ce moment dans la période d'organisation, et l'on sait bien peu de choses sur cette organisation.

« L'administrateur des affaires étrangères de l'État indépendant du Congo », M. Van Ectveld, a récemment informé les puissances de la constitution du nouvel État (août). — Le colonel Winton commande en Afrique les stations échelonnées sur tout le fleuve de Banane aux Stanley Falls, — stations qui paraissent bien peu prospères, — et il a été rejoint, il y a peu de temps, par M. Janssens qui a reçu le titre de « chief justice ». — Pour s'assurer les sommes qui sont nécessaires à ses dépenses, le nouvel État établira sans doute des droits *à la sortie* des produits.

La Commission internationale n'a pas été encore désignée par les puissances.

(2) Il serait possible que l'Allemagne, établie depuis quelques mois aux Cameroun, entrât, elle aussi, en communication directe avec la région du Congo, si, comme le supposent certains voyageurs, une des rivières venant de l'intérieur et se jetant aux Cameroun est en communication avec un des grands affluents de droite du Congo.

porté atteinte à son droit régalien de tarification douanière dans notre colonie du Gabon : La zone maritime s'étendant sur l'Océan Atlantique, dans laquelle « le commerce de toutes les nations jouira d'une complète liberté », a reçu pour limite nord « le parallèle situé par 2° 30' de latitude sud », c'est-à-dire les lagunes du Sette Cama, situées sur notre territoire.

Cette disposition laisse ainsi ouvertes au « libre commerce » les vallées françaises du Nyanga et du Niari-Quillou. Mais elle n'a pas seulement pour conséquence de restreindre au Gabon proprement dit et à la vallée de l'Ogowé l'exercice du droit de tarification douanière qui appartient au gouvernement ; elle met encore indirectement celui-ci dans la nécessité de ne percevoir au Gabon que des taxes modérées. L'administration des colonies devra donc, à bref délai, et comme suite naturelle de la concession faite à Berlin, rapporter le décret du 27 août 1884 qui frappe de droits très élevés les produits importés au Gabon pour y substituer un tarif beaucoup plus libéral. On jugerait mal, en effet, le caractère des nègres et l'esprit mercantile des négociants dont la préoccupation principale est d'échapper aux droits de douanes, si l'on ne reconnaissait pas que, d'un côté, la liberté du commerce assurée au sud de 2° 30', et d'un autre, l'élévation des taxes douanières au Gabon auraient pour conséquence de détourner dans un temps très court une partie au moins du commerce de l'Ogowé. Au lieu de descendre comme aujourd'hui à Libreville, les produits de l'intérieur prendraient le chemin des factoreries établies dans les lagunes du Sette Cama ou dans la vallée du Quillou.

Quelle est la richesse probable de cette immense région du Congo que des diplomates viennent de partager sur une carte bien incomplète encore? M. de Brazza, son lieutenant le Dr Ballai, M. Stanley et les quelques négociants ou missionnaires européens établis dans le Bas-Congo sont les seuls aujourd'hui qui peuvent répondre à cette question. Les uns et les autres semblent croire à la richesse et à l'avenir de l'Afrique centrale. Quant à M. Stanley, il a récemment publié à Londres un important ouvrage sur cette question : *The Congo and the founding of its free State* .

Le voyageur américain estime que le bassin du grand fleuve de l'Afrique centrale, qu'il aime à comparer au Mississipi, occupe une superficie d'un million de milles carrés en chiffres ronds et compte au moins 43 millions d'habitants. C'est, d'après lui, un des pays les plus riches du globe en produits naturels, en forêts inexploitées et en plaines labourables. Rien qu'en ivoire, il y aurait actuellement dans le bassin du Congo une valeur de 125 millions de francs portée par 200,000 éléphants; et l'ivoire n'occupe que le cinquième rang dans le tableau des richesses naturelles de la région. Si chaque habitant mâle des rives du Congo ou de ses affluents immédiats recueillait seulement par jour un tiers de livre de caoutchouc dans ses forêts natales ou deux tiers de livre d'huile de palme, ou une demi-livre de gomme copal, de campêche ou d'orchilla, il n'y paraîtrait même pas et l'on obtiendrait tous les ans de ce chef pour un milliard de marchandises aux prix de Liverpool.

Au-dessous de ces produits quasi inépuisables, M. Stanley énumère les plantes servant à des usages industriels, puis le café, le coton qui croît à l'état sauvage, la canne, le maïs, l'orange, le citron, l'ananas, etc., le fer, le cuivre et peut-être l'or et l'argent.

En échange de toutes ces richesses, continue l'auteur, 43 millions de nègres demanderont à l'Europe des cotonnades, des étoffes imprimées, des soieries éclatantes, des fusils, des alcools, des poteries, des jouets à surprise, des parasols, des chapeaux, des objets de ménage...

On doit certainement faire une large part à l'exagération, dans l'ouvrage de M. Stanley, exagération inconsciente peut-être, car un voyageur qui a découvert des régions aussi considérables perd la notion de la valeur exacte des choses ; puis il ne faut pas oublier que l'auteur de *The Congo* cherche des capitalistes pour construire un chemin de fer sur les bords du fleuve inférieur qui est innavigable dans une partie de son cours (1).

---

(1) Un voyageur allemand, M. Pechnel-Loesche, vient d'adresser à la *Gartenlaube* une lettre des plus cruelles pour M. Stanley. Il relève dans son ouvrage de grossières contradictions à quelques pages de distance en s'appuyant non-seulement sur son expérience personnelle, mais encore sur le témoignage du délégué américain, M. Tisdel, dont le rapport a été publié par le gouvernement des États-Unis.

M. Loesche reproche à M. Stanley de s'exprimer avec une certitude des plus optimistes sur les richesses de l'Afrique centrale, alors qu'il connaît seulement une zone fort étroite le long du Congo. « Vous avez constaté sur les bords du fleuve une certaine densité de la population, et vous partez de là pour calculer le nombre des habitants de l'État du Congo. C'est comme si vous disiez que Berlin occupe tant de kilomètres carrés, compte tant d'habitants par kilomètre et que par conséquent l'Allemagne a un nombre d'habitants de... »

De même, d'après M. Loesche, les chiffres de M. Stanley sur l'exportation du Congo seraient de la fantasmagorie pure. Ainsi, M. Stanley évalue à 232 tonnes l'exportation de l'ivoire, soit environ 6 millions 1/4 de francs ; or, depuis des années, le bassin occidental du Congo exporte à peine 80 tonnes par an. M. Stanley aurait fait entrer dans ses chiffres les produits provenant de la côte au nord et au sud du Congo.

Quant au chemin de fer projeté, le contradicteur allemand du voyageur anglais est encore plus sévère. La longue liste des produits exportés ou exportables a, dit-il, été imaginée pour présenter la ligne comme très rémunératrice. M. Stanley calcule, à raison d'un transport de 427 tonne de marchandises par jour et d'un fret de 10 à 11 centimes par tonne et par mille, qu'il y aura 7 millions 1/2 de francs de recettes ! Il ajoute que ce sera une ligne de niveau, qui ne présentera d'autres dépenses considérables de construction que celle de quelques ponts. Or, trente pages auparavant, il a fait un tableau des difficultés

Mais, cette large part faite à l'exagération, il reste certain que les voyages de MM. de Brazza et Stanley ont ouvert les marchés de l'Afrique centrale au commerce du monde, que la France vient d'acquérir dans l'ouest africain, sans guerre et sans perte d'hommes, un immense territoire qui sera dans trente ou quarante ans une grande colonie de commerce.

La vallée de l'Ogowé était déjà sous l'influence française avant la Convention du 5 février : elle y entrera plus complètement parce que l'on sentira le besoin d'y établir de nouveaux postes afin d'assurer la sécurité des négociants.

Dans la vallée du Quillou-Niari et sur la côte, la France possède déjà quelques stations. Celles fondées par l'Association internationale lui seront bientôt remises.

Enfin les vallées du Lefini, de l'Alima, de la Licona, du Liboko, sont riches, sans doute, de tous les produits du bassin du Congo. Peut-être même le Liboko reçoit-il, comme le supposent aujourd'hui certains géographes, une rivière longue de plus de 2,000 kilomètres, l'Ouélé, qui drainerait toute la contrée située au nord du Congo, — le dernier grand blanc de la carte de l'Afrique, — c'est-à-dire une superficie d'environ un million de kilomètres carrés (1).

Il faut ajouter encore que la France possède sur son territoire les deux routes commerciales les moins « impossibles » que l'on connaisse jusqu'ici entre le bassin du grand fleuve et la mer, — le Bas-Congo étant coupé par des rapides : le

considérables du terrain, qui s'élève jusqu'à 700 mètres au-dessus du niveau de la mer. M. Loesche serre de près son adversaire, lorsqu'il fait une description des forêts du Congo, riches en bois de construction, et lui oppose le témoignage de M. Comber, rendant compte de son expédition devant la Société de géographie de Londres.

Pour tout dire, il faut ajouter que M. Pechuel-Loesche a été vivement attaqué dans l'ouvrage de M. Stanley.

(1) M. Wauters, dans *le Mouvement géographique* de Bruxelles.

premier, celui de l'Ogowé et de l'Alima; le second, celui du Quillou-Niari et du Djoué, qui aboutit au Stanley Pool, le plus grand marché d'ivoire de l'Afrique centrale. On peut donc espérer que le commerce empruntera ces routes au moins jusqu'au jour, probablement éloigné, où le chemin de fer du Bas-Congo sera construit.

Après ce qui vient d'être dit, il ne semblera peut-être pas téméraire de penser que nos Établissements du Congo français et du Gabon paraissent assurés d'un grand avenir. Dans une quarantaine d'années des factoreries seront établies sur toutes les rivières, sur toutes les routes, et l'on peut espérer que grâce à des progrès incessants le mouvement des échanges de toutes ces régions s'élèvera vers le milieu du siècle prochain à un chiffre considérable.

Pour favoriser les progrès de notre colonie il faut demander au gouvernement d'établir peu à peu, graduellement, quelques postes dans l'intérieur qui assureront la tranquillité des tribus ; de relier Libreville à la métropole par une ligne postale subventionnée; d'encourager plus qu'il ne l'a fait jusqu'ici les capitaux et les négociants français; et surtout de ne percevoir au Gabon que des taxes douanières modérées, car des droits élevés auraient pour résultat de détourner les courants commerciaux vers les lagunes du Sette Cama et le bassin du Niari-Quillou (1).

(1) Les négociants évaluent aujourd'hui l'ensemble du mouvement commercial entre Landana au nord et Ambriz au sud, le fleuve Congo compris, a environ 25 millions de francs.
Il résulte des renseignements recueillis que les négociants français, hollandais, portugais, établis depuis de longues années, avancent tous les jours vers l'intérieur, recherchant les indigènes. Comme preuve de l'augmentation certaine du commerce du Congo, il suffit de citer le chiffre des exportations de l'Angleterre pour cette région. En 1876 il est de 6,250,000 francs ; en 1882, il monte à 13,500,000 francs ;

en 1884, enfin, il atteint 18,750,000 francs. Près de la moitié de ces exportations consistent en cotonnades.

Les principales maisons de commerce sont : Daumas et Béraud (française, au capital de 2 millions de francs), établie sur la côte et sur les deux rives des fleuves à Chiloango, Landana, Banane, Sumbo, Boma, Chezy, Binda, Sanga, San Salvador, Noki, Moussouk, Porto Rico, Muculla, Ambrizette, Kissembo, Ambriz... ; — Hatton et Cookson, déjà établie au Gabon ; — le « Congo and Central African Trade C^o » ; — Stuart et Douglas : toutes trois de Liverpool ; — Taylor, de Glascow ; Samson et Deliagré, de Manchester ; — la « Nieuwe Afrikaansche Handels Vennootchap » de Rotterdam ; très importante et très riche.

La France, on le voit, n'est représentée que par la maison Daumas et Béraud ; l'année dernière était à côté d'elle la maison Conquy, mais elle a dernièrement vendu ses factoreries à la maison Samson et Deliagre, qui lui a succédé.

VIII

SAINTE-MARIE — NOSSI-BÉ — MAYOTTE — MADAGASCAR
COMMERCE A LA COTE ORIENTALE — OBOCK.

Sainte-Marie de Madagascar.
Situation favorable de l'île de Nossi-Bé. — Population. — Commerce. — Maison française et maisons étrangères. — Commerce de Nossi-Bé avec Madagascar. — Les mines de charbon de Bavatou-Bé. — Droits de la France sur Madagascar. — Son établissement prochain sur les côtes nord-ouest et nord-est. — Richesse et fertilité de l'île ; ses principaux produits. — Factoreries françaises et étrangères. — Importance du commerce français. — Commerce de Tamatave. — Majunga, Vohémar, Nossi-Vé. — Avenir de Madagascar.
Mayotte. — Population. — Cultures. — Commerce.
L'immigration africaine nécessaire dans nos trois colonies.
La côte orientale. — Le commerce français dans le Mozambique et le Zanzibar. — Une colonie allemande.
Territoire français d'Obock. — Dépôt de charbon. — Annexions récentes.
Le golfe de Tadjourah. — Les routes du Choa et du Harar.

La France possède dans l'Océan Indien, outre la Réunion, trois petites colonies : Sainte-Marie, Nossi-Bé et Mayotte. Elles ont malheureusement compté trop peu jusqu'ici. Leur situation en face de la grande île de Madagascar ou au milieu des Comores, leur richesse naturelle, leur extrême fertilité, méritent toute attention et leur promettent un avenir.

L'île Sainte-Marie de Madagascar, dernier souvenir de nos possessions territoriales sur la côte est de la Grande-

Terre, au siècle dernier et pendant la première partie de celui-ci, est aujourd'hui presque oubliée. Cette île, bien située, fertile, propre à la production des denrées coloniales, est inculte. On y compte à peine quelques colons, et il y a peu de temps l'administration ne pouvait y trouver un adjudicataire pour la récolte de 55,000 cocotiers recensés à Sainte-Marie. Les indigènes, très indolents, au nombre d'environ 7,000, cultivent le giroflier et le caféier, mais ils ne font pas assez de riz pour leur consommation (1).

Le commerce de cette petite colonie s'est élevé en 1883 à 436,200 francs dont 318,900 francs d'importations et 117,000 francs d'exportations. Il est fait par des pirogues du pays et des caboteurs qui visitent la Réunion, Maurice, Nossi-Bé et Madagascar. Le pavillon français occupe le premier rang.

Notre colonie de Nossi-Bé, sur la côte nord-ouest de Madagascar, n'a pas encore atteint, bien qu'elle soit en voie de progrès, le degré de prospérité auquel elle doit parvenir. Sur 21,000 hectares, 8,000 seulement sont concédés, dont 900 plantés en cannes, 100 en café et 1,350 en riz et légumes. La culture de la canne et celle du café prendraient une bien plus grande extension si les colons trouvaient des travailleurs, mais il n'y a dans la colonie que 1,200 immigrants venus de la côte africaine ou des îles voisines, et les indigènes se refusent à tout labeur régulier sur les plantations.

La population est de 9,500 âmes dont environ 200 colons français venus en grande partie de la Réunion.

Les *Notices coloniales pour l'Exposition d'Anvers* évaluent le mouvement commercial de Nossi-Bé en 1883 à

(1) On sait que, depuis le commencement des opérations entreprises contre les Howas, l'île de Sainte-Marie a été un point d'appui pour notre flotte. Ses habitants se sont signalés par plusieurs actes de dévouement.

7,800,000 francs dont 4,044,000 francs à l'importation, et 3,760,000 francs à l'exportation. Elles ne distinguent pas à l'importation les marchandises françaises des marchandises étrangères; toutefois on peut croire que les premières représentent une valeur d'environ un million et demi.

Ces chiffres, il faut se hâter de le remarquer, ne sont point l'expression du commerce propre de Nossi-Bé, beaucoup moins important. Cette petite colonie est avant tout un lieu de transit. La plus grosse partie des marchandises européennes qui entrent dans le port Hell-Ville en sortent aussitôt pour être envoyées dans les pays voisins et surtout à Madagascar. Il en est de même pour les produits indigènes; c'est ainsi que les bœufs achetés sur la côte nord-ouest de Madagascar, puis importés à Nossi-Bé, sont bientôt réexportés pour la Réunion ou Maurice.

Tous les ans une sorte de foire se tient dans notre colonie, qui en fait le lieu de rendez-vous de tous les caboteurs de la côte d'Afrique et des négociants de Bombay.

Le commerce propre de l'île, importations et exportations réunies, ne doit pas être de plus de 1 million et demi à 2 millions.

Trois importantes maisons sont établies à Hell-Ville, faisant le commerce avec la Grande-Terre : MM. Mantes et Borelli de Regis, que l'on a déjà vus établis sur de nombreux points de la côte occidentale d'Afrique. Ils ont succédé il y a environ un an à la grande maison Roux de Frayssinet de Marseille ; — MM. Oswald et Cie de Hambourg ; — M. Ryder représentant de la maison Ropes et Cie de Boston. Chacune de ces maisons fait environ pour un million d'affaires par an. A côté d'elles, sont quelques négociants indiens en relations d'affaires avec Zanzibar et Bombay.

Le mouvement général de la navigation, en 1883, entrées et sorties réunies, accuse 136 navires français jaugeant 35,000 tonnes ; et 1125 navires étrangers jaugeant 26,000 tonnes. On voit que le pavillon français tient la première place ; après lui viennent les *boutres* arabes et indiens, nombreux mais de faible tonnage.

Le commerce entre Nossi-Bé et Madagascar est, on l'a dit, très actif à l'importation et à l'exportation, mais les statistiques toujours incomplètes, négligent de donner des chiffres. Il augmentera encore lorsque les hostilités actuelles auront pris fin et que le nord de la Grande-Terre sera placé sous l'influence française. Des colons de Nossi-Bé et de la Réunion ou des Français de la métropole viendront alors créer des plantations sur la côte. D'autres entreprendront d'exploiter les mines de charbon de Bavatou-Bé, découvertes en 1853, et que les Howas n'ont jamais laissé approcher (1). Dans une colonie où la tonne de houille de Cardiff revient à 75 et 80 francs une mine de combustible serait un trésor : la marine militaire et la marine marchande se ravitailleraient à Nossi-Bé.

La France, qui possède des droits historiques d'une légitimité indiscutable sur toute la terre de Madagascar, guerroie depuis environ deux années avec une tribu de l'île dans le dessein d'asseoir son autorité, aujourd'hui méconnue, sur les côtes nord-ouest et nord-est. Quoique les hostilités n'aient jamais été poussées activement, notre drapeau flotte aujourd'hui sur Tamatave et Majunga, les deux principaux ports de l'île, Vohémar, autre centre commercial et quelques points secondaires. On peut espérer que dans

---

(1) Il existe dans la partie N.-O. de l'île, entre le cap Saint-Sébastien et la baie de Morontsang, un bassin houiller d'une vaste étendue. M. Guillemin, ingénieur français qui l'a étudié en détail, pense qu'il n'a pas moins de 40 kilomètres de largeur sur 180 kilomètres de longueur.

un avenir prochain les Howas seront contraints de se soumettre et que la France établira son protectorat sur la partie septentrionale de la Grande-Terre.

Madagascar, l'île la plus belle, la plus grande et la mieux située, au point de vue stratégique, de l'Océan Indien, mesure une superficie de 60 millions d'hectares, soit 7 millions de plus que notre pays. Sa population, très clairsemée, n'est pas évaluée à plus de 2 millions et demi ou 3 millions d'âmes. Quant à sa richesse naturelle et à sa fertilité, elles sont reconnues par presque tous les voyageurs et tous les négociants.

Ici comme ailleurs, il faut certainement se garder d'un enthousiaste irréfléchi : Madagascar terre inculte, pauvrement peuplé par des races à demi sauvages, montagneuse dans certaines de ses parties, aride dans d'autres, contient des régions malsaines et infertiles : il faudra du temps et des capitaux pour la pénétrer de part en part, l'assainir, y créer des voies de communication, y amener des colons. Ce ne sera pas trop d'un demi-siècle pour la mettre en valeur, au moins dans quelques-unes de ses parties. Mais, ces réserves faites, il ne paraît point douteux que la grande île soit une possession enviable, d'un avenir certain. Dès 1847, le conseil colonial de la Réunion énumérait, dans une adresse fort remarquable envoyée au roi Louis-Philippe, les richesses et les ressources de Madagascar, faisant ressortir les avantages commerciaux et militaires que la France retirerait d'une prise de possession. Depuis les voyageurs qui ont parcouru l'île, les colons et les négociants qui s'y sont établis, ont confirmé cette première opinion, l'ont complétée par des observations nouvelles (1). On pourrait encore ajouter que les intrigues et les agissements secrets

---

(1) *Madagascar*, par M. Barbié du Bocage. — *Les Colonies*, par M. Jules Duval. — *Histoire et géographie de Madagascar*, par M. Henry d'Escamps. — M. Grandidier, voyageur français, et M. Cowan, voyageur

d'une puissance européenne, qui depuis deux ans encourage les Howas dans leur résistance, sont une autre preuve, et non la moins convaincante, de l'importance commerciale et militaire de cette île, la plus précieuse de l'Océan Indien.

Madagascar possède des mines de charbon, de fer, de cuivre et d'or; des forêts superbes; d'immenses troupeaux de bœufs sauvages... Ses principaux produits, dont plusieurs font déjà l'objet d'un commerce important, sont le riz, le coton, le caoutchouc, le café, la canne, l'orseille, la cire, le miel, l'écaille, les peaux de bœufs... Le sol est, dans certaines régions au moins, d'une extrême fertilité : sur les propriétés Voussanges et Laborde, les caféiers donnent en plantations régulières un produit annuel de 1,500 et 2,000 grammes par arbuste; chez MM. Orieux et Wilson, sur la rivière Yvoundrou, les cannes à sucre ont, en 1882, fourni un rendement de 5,000 kilogrammes à l'arpent, soit 11,250 kilogrammes par hectare; les cocotiers donnent un produit triple de celui des cocotiers des îles les plus réputées pour la production de l'huile (1)...

Des négociants français, anglais, américains, allemands, ont depuis un certain nombre d'années attaqué l'île de tous les côtés. Ils ne sont encore établis que sur les côtes, mais peu à peu ils entrent davantage en relations avec les peuplades de l'intérieur et déjà ils entretiennent des agents

anglais, qui ont l'un et l'autre plusieurs fois parcouru l'île tout entière. — Dépositions faites par plusieurs témoins devant la « commission de Madagascar ». — Rapports de M. de Lanessan, 1884.

(1) Lettre d' « un français qui vit à Madagascar depuis vingt ans », publiée par la *République Française* en réponse à certaines affirmations de M. Grandidier devant « la commission de Madagascar » de la Chambre des députés. — M. Grandidier avait insisté sur ce point dans sa déposition, que certaines régions des montagnes sont sablonneuses et arides. — Il n'avait cependant pas hésité à reconnaître la fertilité des vallées, où l'on rencontre une épaisse couche d'humus, ajoutant que la région N.-E. lui paraissait la plus fertile de Madagascar,

à Tananarive. La fin des hostilités, l'établissement dans l'île de l'influence d'une nation européenne, seront pour eux un grand bienfait.

Leurs factoreries sont : sur la côte orientale, à Mananbatu, Vohémar, Tamatave, Mahanoro, Mahéla, Mananzari...; sur la côte occidentale, à Saint-Augustin, Tolia, Majunga, Passandava... En échange des produits du pays qui viennent d'être énumérés, elles fournissent aux indigènes des cotonnades anglaises ou indiennes, des toiles américaines, du rhum de Maurice, des vins, du vermouth, de la quincaillerie, des articles de Paris, du sel, des fusils, de la faïence grossière de France (1).

Le principal port de l'île est Tamatave, sur la côte orientale, où descendait le commerce de Tananarive avant le commencement des hostilités. Les navires de la Réunion et de Maurice y viennent chercher les bœufs par milliers, le riz et les autres marchandises indigènes. On ne connaît pas le chiffre de son mouvement commercial, mais le tonnage des navires entrés et sortis, relevé du 31 mai 1881 au 30 juin 1882, donne un total général de 71,720 tonnes. Dans ce chiffre, les navires français, presque tous de la Réunion, comptent pour 39,000 tonnes; les navires anglais, presque tous de Maurice, pour 15,000; les navires allemands pour 6,000; les navires howas pour 5,800; les navires américains pour 5,400.

Le second port de Madagascar est Majunga, sur la côte nord-ouest, non loin de Nossi-Bé, avec laquelle il fait un

---

(1) La maison Mantes et Borelli estime que Madagascar est de tous les pays d'Afrique celui qui consomme le plus volontiers les produits français. — On y importe du sel en quantités considérables parce que cette denrée sert à la fois à la nourriture des habitants et à la préparation des 5 ou 600,000 peaux de bœufs qui sont exportées chaque année. — Ce sel vient de Marseille (salines de Marseille, de Port-de-Bouc, d'Hyères..,) et assure à nos navires un fret de sortie très avantageux.

grand commerce de bœufs. Des négociants américains y importent des toiles et en exportent des peaux.

Vohémar sur la côte nord-est; la petite île de Nossi-Vé, dans la baie de Saint-Augustin, sur la côte sud-ouest, sont aussi des points commerciaux importants.

Il est impossible, aucune statistique n'ayant été dressée, d'évaluer le mouvement des échanges à Madagascar. On peut toutefois noter que le commerce entre Maurice et la grande île s'est élevé en 1883 à près de 5 millions dont 3,020,000 francs à l'importation et 1,930,000 francs à l'exportation. Il est aussi permis de penser que le commerce entre la Réunion et Madagascar atteint un chiffre plus élevé.

A côté des maisons américaines (Bertram et Cie, Georges Ropes et Cie, de Boston et New-York), anglaises et allemandes, sont établies plusieurs maisons françaises. La plus importante appartient à MM. Mantes et Borelli de Regis, qui ont racheté les établissements de la maison Roux de Frayssinet dans toute l'Afrique orientale. On estime qu'elle fait 20 à 25 p. 100 du commerce de Tamatave. D'autre part, un Français, M. Macé, a créé depuis 1876 plusieurs comptoirs sur la côte S.-O., du cap Sainte-Marie à la baie de Mourondava. Le principal se trouve dans l'île de Nossi-Vé au fond de la baie de Saint-Augustin.

Enfin de grandes plantations de cannes sont entreprises depuis quelques années par des Réunionais et des Mauriciens dans les environs de Tamatave, de Mahéla et de Mananzari.

On peut conclure de tous ces renseignements et de ces faits qu'il est pour la France d'une bonne politique d'affirmer ses droits historiques sur la grande île africaine, et d'établir dès maintenant son protectorat sur une partie de ses territoires.

Le commerce français occupe déjà le premier rang à Madagascar : on peut estimer qu'il entre dans le chiffre total des affaires pour plus de 50 p. 100. D'un autre côté les colons de la Réunion et les anciens Français de Maurice attendent avec impatience le moment où ils pourront venir entreprendre sur la Grande-Terre des plantations de cannes, de café et de coton. Enfin on peut ajouter que la situation géographique de Madagascar permet de rêver pour elle un brillant avenir. Placée sur la route obligée du commerce qui s'ouvre entre l'Australie, l'Europe et l'Afrique orientale, elle deviendra l'entrepôt nécessaire de ce commerce, remplissant ainsi en face de la vaste étendue du continent africain, depuis le cap de Bonne-Espérance jusqu'au delà de l'équateur, le rôle de Hong-Kong vis-à-vis de la côte asiatique, avec cette différence que l'îlot anglo-chinois de Hong-Kong ne produit rien par lui-même, tandis que Madagascar joindra aux transactions dont elle sera le marché naturel ordinaire les ressources intrinsèques d'un riche pays (1).

L'île de Mayotte, avec ses 9,000 habitants, sur lesquels on compte 200 Français, n'est pas dans une situation aussi satisfaisante que Nossi-Bé. Les sucreries qui, après avoir longtemps végété, écrasées par les frais de leur installation, commençaient à prospérer dans ces dernières années, grâce au rendement considérable des terres plantées en cannes, viennent d'être durement atteintes par la crise sucrière. Plusieurs colons, sans abandonner encore la culture de la canne à sucre, entreprennent des plantations de vanilliers. Les premiers résultats obtenus sont très satisfaisants.

Le mouvement commercial s'est élevé en 1883 à 2,408,000 francs : — Exportations de la France pour la colonie, 172,000 francs; — importations de la colonie en

---

(1) *Les Colonies nécessaires*, par Un Marin.

France, 598,000 francs; — exportations des colonies françaises (la Réunion surtout), pour Mayotte, 717,000 francs; — importations de Mayotte dans les colonies françaises, 303,000 francs; — exportations de l'étranger pour Mayotte, 438,000 francs; — importations de Mayotte à l'étranger, 179,000 francs.

Le pavillon français occupe le premier rang dans le mouvement de la navigation par l'importance du tonnage des navires : 83 navires jaugeant 15,700 tonnes, contre 153 navires étrangers jaugeant seulement 7,000 tonnes; mais presque tout le commerce est aux mains des Indiens qui font venir par les boutres de Zanzibar et de Bombay des marchandises américaines, allemandes et surtout anglaises (1).

Une grosse question économique, une question vitale pour Mayotte et Nossi-Bé, se pose depuis plusieurs années : c'est la question de l'immigration que l'on a déjà rencontrée aux Antilles et à la Réunion.

Nos deux petites colonies de l'Océan Indien sont arrêtées dans leur développement par le manque de bras; les propriétaires ne peuvent trouver des travailleurs en nombre suffisant. En 1881, le gouvernement français, ému de cette triste situation, obtint du Portugal la conclusion d'un traité l'autorisant à engager des Africains dans la province de

(1) Le *Tableau général des Douanes* réunit dans les mêmes colonnes le commerce entre la France et ses trois petites colonies de Sainte-Marie, Nossi-Bé et Mayotte. Il donne pour 1883 les chiffres suivants : exportations de la France pour les colonies (commerce spécial), 327,000 francs; importations de celles-ci en France (commerce général), 3,881,000 francs, dont 686,000 francs restent au commerce spécial.

On doit se garder de conclure du chiffre des exportations directes de la France, qu'il n'est vendu que pour 327,000 francs de marchandises françaises à Sainte-Marie, Nossi-Bé et Mayotte. La Réunion, qui fait avec ces îles un important commerce, y envoie une part des produits français qu'elle a reçus directement de la métropole.

Mozambique. Mais, jusqu'ici, des agents occultes du gouvernement anglais des colonies du Cap et de Natal ont fait échouer toutes les tentatives de recrutement.

La question de l'immigration reste donc posée, à Nossi-Bé, à Mayotte et à la Réunion. C'est la première à résoudre.

Le commerce français a des intérêts importants dans la colonie portugaise de Mozambique, et dans le Sultanat de Zanzibar.

Il est représenté au Mozambique par trois maisons marseillaises : Mantes et Borelli, Cyprien Fabre, Augustin Fabre. Leurs factoreries établies sur les points les plus importants de la côte à Lourenzo-Marquez, Inhambane, dans le Zambèze inférieur, à Quilemane, à Mozambique, à Ibo, achètent aux caravanes venues de l'intérieur l'ivoire, les graines oléagineuses, le caoutchouc, l'orseille, les gommes. Les marchandises importées sont anglaises, américaines et françaises. Il ne semble pas que le Mozambique soit une colonie très prospère : en 1877 le commerce de ses principaux ports s'est élevé à 13 300,000 francs.

Zanzibar, capitale du sultanat de ce nom et ville de 100,000 âmes, paraît être l'entrepôt le plus important de toute la côte orientale. La Chambre de commerce de Londres estimait, en 1880, son mouvement d'affaires à plus de 28 millions de francs (14,900,000 d'importations et 13,200,000 d'exportations). Il augmente chaque année. Le grand commerce est fait par des maisons françaises (Mantes et Borelli, Victor Chabot, Greffulhe), allemandes (Oswald et Cie, Hansing et Cie de Hambourg), américaines (Ropes) et suisses (Widmer et Cie); mais le commerce avec les indigènes est resté presque exclusivement entre les mains des Arabes et des Hindous (Banyans). Ces derniers sont, en outre, les intermédiaires d'un commerce actif entre

Zanzibar et l'Inde. Des caravanes apportent de l'intérieur le coton, le tabac, la canne à sucre, l'ivoire, l'indigo et la girofle... etc. On a, paraît-il, découvert des gisements houillers. Leur exploitation augmenterait certainement le mouvement et l'importance de Zanzibar.

Cette ville est encore indépendante, mais le sultan vient de voir s'établir près de lui de redoutables voisins. Le protectorat allemand s'étend aujourd'hui sur l'Ouzagouha, le Ngourou, l'Oussaraga, le Vitou, le Paré, le Tchaga et quelques autres pays. Dar-es-Salam est le port de cette colonie nouvelle. Le but des Allemands paraît être de gagner la région des grands lacs, le Victoria Nyanza et le Tanganika. L'Empire n'administre pas directement ces territoires. Il laisse ce soin à la « Deutsch Ostafricaniche Gesellchaft », ou Société allemande pour la colonisation de l'Afrique orientale, qu'il couvre de sa puissante protection et soutient dans ses différends avec le sultan de Zanzibar.

La France possède depuis 1862, au fond du golfe d'Aden, en vertu d'un traité régulier signé avec des chefs Dankalis, le territoire d'Obock. C'est un sol aride, brûlé par le soleil, sans végétation et sans eau pendant une partie de l'année, fréquenté seulement par quelques tribus nomades.

Le drapeau français ne flotte sur ce point que depuis un an à peine. Craignant d'être contraint de déclarer la guerre à la Chine et de voir alors se fermer devant ses navires les ports neutres, le gouvernement concéda à la maison Poingdestre et Menier l'établissement d'un dépôt de charbon à Obock. En même temps un commandant et une faible garnison étaient installés dans une ancienne factorerie. Aujourd'hui quelques centaines d'indigènes se sont groupés autour des barraquements d'Obock.

Il y a peu de mois, au moment où les Anglais menacèrent le Harar et certains points de la côte Somali, le gouvernement donna l'ordre au commandant d'Obock d'occuper Sagallo et Tadjourah, deux petits ports de la côte nord du golfe de ce nom. Plus récemment encore (septembre 1885) le port d'Ambado situé sur la côte sud, en face de Tadjourah, a été occupé. Ces annexions toutes pacifiques témoignent l'intention du gouvernement d'assurer à la France la possession du golfe de Tadjourah que menaçaient les Anglais établis à Aden. Peu à peu, sans doute, seront occupées les autres localités des rives nord et sud ainsi que le bassin du Gubett Karab, prolongement du golfe dans l'intérieur des terres.

Quel est l'avenir de ce nouveau territoire?

Au point de vue stratégique, Obock, situé à la sortie du détroit de Bab-el-Mandeb, en face de la ville anglaise d'Aden, pourrait, s'il était fortifié, devenir une position militaire importante au cas d'une guerre entre la Grande-Bretagne et la France (1). En temps de paix, ce « dépôt de charbon » bien aménagé, fourni en vivres, peut devenir un lieu de ravitaillement pour nos navires obligés jusqu'ici de se rendre à Aden.

Au point de vue commercial, le port d'Obock, ou mieux ceux de Sagallo et d'Ambabo paraissent destinés à devenir les têtes de ligne des caravanes qui feront le commerce du Choa et du Harar.

La route que doivent suivre les caravanes se rendant du Choa à la mer aboutit à Sagallo ou à Tadjourah. Mais jusqu'ici on compte celles qui ont fait le voyage dans un sens ou dans l'autre. Le Choa semble du reste un pays

---

(1) On a rappelé, il y a huit à dix mois, dans la presse, que la France pouvait prétendre quelques droits sur le territoire de Cheik-Saïd situé en terre d'Arabie et dominant le détroit de Bab-el-Mandeb ainsi que l'îlot anglais de Perim. — Ce point serait peut-être une position stratégique de premier ordre.

assez pauvre en produits d'échanges, et les quelques négociants qui y sont allés n'ont rapporté que de l'ivoire.

Le Harar paraît être un pays plus riche. On récolte sur le territoire de la ville de ce nom un café renommé. En outre, les caravanes des pays Gallas apportent à Harar de l'ivoire et des peaux. Cette ville exporte jusqu'ici ces divers produits sur le port anglo-égyptien de Zeïla (1), mais la route de Harar à Ambado étant aussi courte que celle de Zeïla, on peut penser qu'elle sera peut-être adoptée par un certain nombre de caravanes.

Ce sont là des espérances et rien plus. Jusqu'ici les trois ou quatre sociétés qui se sont établies à Obock, dans le but de commercer avec le Choa, ont obtenu de médiocres résultats. Peut-être l'occupation récente de Tadjourah, Sagallo et Ambado aura-t-elle dans l'avenir des conséquences heureuses pour notre commerce.

---

(1) Les troupes égyptiennes ont abandonné Zeïla, et les Anglais y ont installé un vice-consul qui paraît vouloir exercer des pouvoirs assez étendus. — La situation n'est pas, du reste, très nette dans toute cette région; — ainsi les Anglais ont déterminé les Égyptiens à abandonner Harar (1885) et ne s'y sont point établis.

IX

COMMERCE DES NATIONS AVEC L'AFRIQUE — SITUATION DE LA FRANCE DANS CE COMMERCE.

Commerce et navigation de la France, de l'Angleterre, du Portugal, de la Hollande, de l'Allemagne et des États-Unis aves les côtes d'Afrique. — Part de ces différentes nations.
Grande exportation des marchandises britanniques. — Faible exportation des marchandises françaises. — Principales marchandises de troque. — Quelles nations les fabriquent. — Les cotonades, le genièvre, les armes. — Proportion de la vente des articles étrangers et des articles français en Afrique. — Les lignes à vapeur de Liverpool et de Hambourg favorisent la vente des articles anglais et allemands. — Nécessité de la création d'une ligne postale française subventionnée. — Son importance au point de vue du commerce. — Les fabricants de Rouen et les fabricants de Manchester.
Importations sur les marchés d'Europe des produits africains. — Industries nationales qu'ils alimentent. — Leur prospérité. — 12 millions d'exportations et 68 millions d'importations.

L'Afrique, avec ses populations primitives, sans aucune civilisation, sans travail, sans industrie, — et bien différente par ces caractères du continent asiatique, — peut être considérée, les États méditerranéens exceptés, comme une immense colonie du commerce où se rencontrent les négociants des diverses nations du monde.

Il est donc intéressant de rechercher, à l'aide des statistiques françaises et étrangères, la part de chaque industrie et de chaque pavillon dans le commerce général des nations avec ce continent.

FRANCE EN 1883.

1° **Commerce.** — Côte occidentale d'Afrique (du Maroc au cap de Bonne-Espérance, non compris les possessions françaises et anglaises) :

Importations en France. — 39,436,000 francs, dont 37,326,000 francs au commerce spécial.

Exportations. — 3,682,000 francs, dont 2,322,000 au commerce spécial.

Possessions anglaises d'Afrique à la côte occidentale et à la côte orientale, y compris Maurice et le Cap :

Importations en France. — Partie occidentale : 7,523,000 francs ; — partie orientale : 2,770,000 francs ; — total : 10,294,000 fr., dont 7,516,000 francs au commerce spécial.

Exportations. — Partie occidentale : 1,892,000 francs ; — partie orientale : 11,852,000 francs ; — total : 13,744,000 francs dont 9,633,000 francs au commerce spécial.

Autres pays d'Afrique y compris Madagascar, mais non compris la Réunion, Sainte-Marie, Mayotte et Nossi-Bé :

Importations. — 5,022,000 francs, dont 3,891,000 francs au commerce spécial.

Exportations. — 2,092,000 francs, dont 1,148,000 francs au commerce spécial.

Ainsi le mouvement total du commerce entre la France et l'Afrique a été en 1883, non compris le Sénégal, les Établissements du golfe de Guinée, le Gabon, la Réunion, Sainte-Marie, Mayotte et Nossi-Bé, — et aussi naturellement les pays méditerranéens, dont il n'est jamais question ici, — de plus de 74 millions (74,270,000 francs). Dans ce chiffre, les importations en France entrent pour 54,752,000 francs et les exportations pour 19,518,000 francs.

Le commerce spécial extrait de ces chiffres donne 48,733,000 francs pour les importations, et 13,103,000 francs pour les exportations.

2° **Navigation**. — Le *Tableau général des Douanes* présente un relevé de tous les navires français ou étrangers qui ont touché les ports de France, soit partant pour l'Afrique, soit en revenant. Il résulte de ce relevé que le commerce entre la France et l'Afrique, moins le Sénégal, la Réunion et les petites colonies de l'Océan Indien, mais y compris Madagascar et les colonies anglaises, a occupé, en 1883, 113 navires français jaugeant 70,000 tonneaux, et 192 navires étrangers (anglais, allemands, italiens), jaugeant 97,000 tonneaux.

ANGLETERRE EN 1883.

1° **Commerce**. — Côte occidentale d'Afrique (non compris la Gambie, Sierra Leone, Sainte-Hélène, mais y compris la Côte d'Or) :

Importations en Angleterre. — Commerce général : 2,105,000 livres sterling, soit 54,625,000 francs (1).

Exportations. — Commerce général : 2,003,000 livres sterling, soit 50,075,000 francs ; — commerce spécial : 1,247,000 livres sterling, soit 43,225,000 francs.

Possessions françaises d'Afrique, à la côte occidentale et à la côte orientale (Réunion) :

Importations en Angleterre. — Commerce général : Partie occidentale : 16,000 liv. st. — Partie orientale : 80,000 liv. st. — Total : 96,000 liv. st., soit : 2,410,000 francs.

Exportations. — Commerce général : Partie occidentale : 93,000 liv. st. — Partie orientale : 74,000 liv. st. — Total : 167,000 liv. st., soit : 4,182,000 francs. Commerce spécial : Partie occidentale : 84,000 liv. st. — Partie orientale : 68,000 liv. st. — Total : 152,000 liv. st., soit 3,700,000 francs.

(1) Dans les documents statistiques anglais les importations sont indiquées en bloc. On ne distingue le commerce spécial du commerce général qu'à l'exportation.

Possessions portugaises d'Afrique à la côte occidentale et à la côte orientale :

Importations en Angleterre. — Commerce général : Partie occidentale : 121,000 liv. st. — Partie orientale : 42,000 liv. st. — Total : 163,000 liv. st., soit : 4,075,000 francs.

Exportations. — Commerce général : Partie occidentale : 305,000 liv. st. — Partie orientale : 66,000 liv. st. — Total : 371,000 liv. st., soit : 9,275,000 francs. — Commerce spécial : Partie occidentale : 299,000 liv. st. — Partie orientale : 62,000 liv. st. — Total : 361,000 liv. st., soit : 7,025,000 francs.

Côte orientale d'Afrique (non compris le Cap, Natal et Maurice, mais y compris Madagascar) :

Importations en Angleterre. — Commerce général : 282,000 liv. st., soit : 7,050,000 francs.

Exportations. — Commerce général : 236,000 liv. st., soit : 5,900,000 francs. — Commerce spécial : 231,000 liv. st., soit 5,775,000 francs.

Ainsi le mouvement total du commerce entre la Grande-Bretagne et l'Afrique a été en 1883, non compris la Gambie et Sierra Leone, Sainte-Hélène, le Cap, Natal et Maurice (1), mais y compris les colonies françaises et portugaises, de plus de 147 millions et demi (147,592,000 francs).

Dans ce chiffre les importations entrent pour 78,160,000 fr. (commerce général) et les exportations pour 69,432,000 fr.

(1) Commerce de l'Angleterre avec ces colonies en 1883 :
Gambie et Sierra Léone. — Imp. en Ang. : 241,000 liv. st. — Exp. 415,000 liv. st., dont 372,000 liv. st. au com. spécial.
Sainte-Hélène. — Imp. en Ang. : 1,000 liv. st. — Exp. : 23,000 liv. st., dont 16,000 liv. st. au com. spécial.
Le Cap. — Imp. en Ang. : 5,394,000 liv. st. — Exp. : 3,850,000 liv. st., dont 3,500,000 liv. st. au com. spécial.
Natal. — Imp. en Ang. : 501,000 liv. st. — Exp. : 1,149,000 liv. st., dont 1,056,000 liv. st. au com. spécial.
Maurice. — Imp. en Ang. : 414,000 liv. st. — Exp. : 580,000 liv. st., dont 506,000 liv. st. au com. spécial.

(commerce général), dont 61,725,000 fr. au commerce spécial.

2° **Navigation**. — 222 navires jaugeant 272,000 tonnes sont entrés dans les ports d'Angleterre venant des côtes d'Afrique, et 478, jaugeant 488,000 tonnes, les ont quittés pour cette destination (nationalité pas indiquée).

PORTUGAL EN 1881.

1° **Commerce** du Portugal avec ses possessions des côtes occidentale et orientale.

Importations en Portugal. — Commerce général : 9,912,000 francs, dont 4,054,000 francs au commerce spécial (1).

Exportations. — Commerce général : 6,900,000 francs, dont 3,360,000 francs au commerce spécial.

2° **Navigation**. — Aucun chiffre.

HOLLANDE EN 1883.

1° **Commerce**. — Côtes occidentale et orientale :
Importations en Hollande. — Commerce spécial : 13,836,000 francs (2).
Exportations. — Commerce spécial : 3,577,000 francs.

2° **Navigation**. — Sorti des ports de Hollande 44 navires ; — entré 56 (tonnage pas indiqué).

---

(1) Les statistiques portugaises sont en « mil reis ». On a fait la conversion immédiate en francs. Le mil reis vaut 5 fr. 60 c.
(2) Au commerce général figurent seulement des quantités. — Les statistiques sont établies en florins d'une valeur de 2 fr. 10 c.

ALLEMAGNE EN 1883.

1° **Commerce de Hambourg** avec les côtes occidentale et orientale :

Importations à Hambourg. — Côte occidentale : 11,155,000 francs ; — côte orientale : 1,641,000 francs. — Total : 12,790,000 francs (1).

Exportations. — Côte occidentale : 47,554 tonnes ; — côte orientale : 30,291 tonnes (dont 25,248 au Cap et à Natal). — Total : 77,845 tonnes, d'une valeur approximative de 5 millions (2).

2° **Navigation.** — Sorti de Hambourg 83 navires jaugeant 44,000 tonneaux ; entré 102 navires jaugeant 54,000 tonneaux (nationalité pas indiquée).

ÉTATS-UNIS (*année fiscale* 1883-84).

1° **Commerce.** — Côte occidentale et orientale :
Importations aux États-Unis. — Commerce général : 19,025,000 francs (3).

Exportations. — Commerce général : 13,100,000 francs, dont 12,976,000 francs au commerce spécial.

2° **Navigation.** — Sorti des ports des États-Unis 68 na-

---

(1) Les statistiques allemandes sont établies en marcs valant 1 fr. 25 c.

(2) A l'exportation, les statistiques ne donnent pas la valeur, mais seulement les quantités. — Les tableaux des prix dressés en France par la Commission permanente des valeurs de douane ne contenant pas les articles de troque exportés par l'Allemagne en Afrique (genièvre, rhum, poudre...), on n'a pu se baser que sur certains faits, certains prix de détail et le bas prix général de ces marchandises pour évaluer à 5 millions la valeur des 77,845 tonnes exportées en Afrique.

(3) Les statistiques américaines sont établies en dollars, d'une valeur de 5 fr.

vires jaugeant 22,000 tonneaux; — entré 97 navires jaugeant 75,000 tonneaux (nationalité pas indiquée).

Ces chiffres, empruntés aux documents officiels publiés par les douanes étrangères, ne sont pas aussi clairs, aussi complets qu'il serait à désirer. C'est ainsi que tous ne distinguent pas le commerce spécial du commerce général. En outre les statistiques de l'Espagne et de l'Italie manquent entièrement.

Si l'on veut cependant résumer les indications fournies par tous ces tableaux, on obtient les résultats suivants :

L'Angleterre a avec l'Afrique, — colonies anglaises, françaises, portugaises, pays indépendants et îles des deux côtes, — un commerce total de plus de 461 millions et demi (461,792,000 francs). Dans cette somme, les exportations de l'Angleterre (*commerce spécial*) pour les pays neufs ou pays de traite (1) s'élèvent à près de 69 millions et demi (69,425,000 francs).

La France a avec l'Afrique, — colonies françaises, anglaises, portugaises, pays indépendants et îles des deux côtes, — un commerce total de 121,320,000 francs. Dans cette somme, les exportations de la France (*commerce spécial*) pour les pays neufs ou pays de traite (2) s'élèvent à 12 millions (12,077,000 francs).

Les États-Unis ont un commerce de 32 millions (32,125,000 francs);

---

(1) Côte occidentale y compris la Gambie, Sierra Léone et la Côte d'Or, mais non compris Sainte-Hélène; — possessions françaises de la côte occidentale; — possessions portugaises des deux côtes; — côte orientale d'Afrique, non compris le Cap, Natal, Maurice, la Réunion, mais y compris Madagascar.

(2) Côte occidentale tout entière y compris le Sénégal; — côte orientale et Madagascar, mais non les colonies anglaises dont Maurice, ni la Réunion.

L'Allemagne (port de Hambourg), de plus de 17 millions et demi (17,790,000 francs) ;

La Hollande, de 17,413,000 francs ;

Le Portugal, de 16,812,000 francs.

Le mouvement des navires employés par les diverses nations au commerce africain est en quelque sorte impossible à fixer, puisque les statistiques donnent les entrées et sorties des bâtiments, mais non le pavillon. Il est à craindre cependant que la France ne vienne pas ici dans un bon rang, parce que les négociants français emploient souvent pour leurs importations et exportations les navires anglais de Liverpool et les navires allemands de Hambourg dont le fret est moins élevé.

Les chiffres que l'on vient de donner touchant les exportations (*commerce spécial*) de l'Angleterre et de la France dans les pays neufs ou de traite des côtes africaines ont certainement été remarqués. Tandis que l'Angleterre exporte dans ces pays 69 millions et demi de produits britanniques, la France n'y envoie que 12 millions de produits français.

C'est là un des *points faibles* de notre commerce, — ou mieux de notre industrie d'exportation, — et il ne faut point hésiter à le mettre en lumière. Les nègres d'Afrique ne demandent et ne veulent accepter que des produits extrêmement bon marché ; ils se soucient peu de la qualité. Pour répondre à ces goûts, les industriels anglais et après eux les industriels allemands se sont appliqués à fabriquer des produits qu'ils peuvent livrer à des prix extrèmement bas, mais qui sont de la dernière qualité, — « good for negers », comme on dit à Liverpool et à Hambourg. Les industriels français n'ont malheureusement pas toujours tenté de les suivre.

On le jugera bien vite en énumérant les principaux articles de traite et en indiquant leur origine.

Manchester fabrique des cotonnades blanches ou teintes dans le goût des nègres, qui se vendent 10, 12, 18 centimes le mètre. Suivant le mot d'un de nos anciens ministres du commerce, « on les déchire rien qu'en les regardant », mais elles sont recherchées par toutes les tribus africaines, et on peut estimer que sur les 69 millions et demi de produits qu'exporte la Grande-Bretagne, il y a pour 50 millions de cotonnades. En France, la fabrique de Rouen n'a jamais fait aucun effort pour concurrencer les industriels anglais et nos négociants sont ainsi obligés d'aller acheter à Liverpool leurs étoffes de coton, — que naturellement ils embarquent le plus souvent sur des navires anglais. Il en est de même des draps et des velours. La Chambre de commerce d'Amiens, à qui le ministère des colonies avait soumis il y a deux ans un échantillon de velours anglais fabriqué à Manchester au prix de 1 fr. 05 le mètre pour la vente en Afrique, répondit que l'industrie amiennoise ne pouvait livrer le même article à moins de 1 fr. 75.

La poudre de troque, article de première importance, est fabriquée en Angleterre, en Allemagne et aussi en Belgique. De qualité très inférieure, elle contient souvent 62 0/0 de salpêtre. La poudre française est beaucoup moins vendue en Afrique que l'étrangère, parce que le gouvernement n'a jamais consenti jusqu'à ce jour une réduction suffisante de ses prix, malgré les sollicitations constantes des négociants (1).

---

(1) Depuis une décision du ministre de la guerre, qui date seulement de quelques mois, les poudreries de l'État livrent la poudre d'exportation au commerce pour un prix « presque abordable ». Nos négociants estiment que s'ils obtenaient une nouvelle réduction de 15 p. 100, ils pourraient vendre en Afrique 2 à 3 millions de poudre française par an.

Les armes sont de fabrication anglaise et belge. Il en vient peu de France. Peut-être la loi récente sur « la fabrication et la vente des armes de guerre » permettra-t-elle à l'industrie de Saint-Étienne d'approvisionner nos négociants.

La coutellerie est anglaise.

Le « genièvre », — eau-de-vie à 35° parfumée au genièvre, — est jusqu'ici fabriqué par la seule ville de Hambourg avec des alcools de Russie, d'Allemagne, de Hongrie. Mis en caisses, il est exporté par la ligne de vapeurs partant de Hambourg à qui il assure un fret de sortie. Le commerce français d'Afrique se trouve ainsi dans l'obligation d'acheter chaque année en Allemagne 3 à 400,000 caisses de genièvre qui sont exportées par les navires hambourgeois (1). — Aucun obstacle majeur ne s'oppose cependant à l'installation de l'industrie du genièvre en France. Marseille, qui exporte déjà en Afrique sur ses navires des « eaux-de-vie » qu'elle a fabriquées avec des trois-six américains, russes ou hongrois, pourrait aussi faire du genièvre. Il serait en outre facile de se procurer dans notre grand port méditerranéen les bouteilles, les dames-jeannes et les caisses à aussi bon compte qu'à Hambourg.

Le sel est, on le sait, un élément d'échange de grosse importance à la côte d'Afrique. Il vient d'Allemagne, d'Angleterre et de France. Les salines de Bône et d'Hyères permettraient à nos négociants de faire une très active concurrence à la marchandise anglaise et allemande si elles étaient mieux exploitées et si elles abaissaient leurs prix (2).

Enfin, les maisons françaises achètent en France leurs articles en métaux : le cuivre en fil et en anneaux, le plomb

(1) La caisse de genièvre est de 12 flacons d'une contenance de 7 litres au prix moyen de 3 francs.

(2) Le sel marin se vend à Marseille 14 et 15 francs la tonne, alors qu'il peut être acheté à Cagliari ou en Sicile, — qualité meilleure, — à 8 ou 9 francs. C'est une différence énorme pour un article de si faible valeur.

en grains et en barres, le fer et surtout les pioches qui sont exportées par centaines de mille et se fabriquent à aussi bon marché chez nous qu'en Angleterre.

En résumé les négociants français établis en Afrique estiment qu'ils vendent les articles étrangers et nationaux dans la proportion suivante :

Côte ouest : articles	français...............	20 à 25 p. 100	
—	— anglais................	50	—
—	— allemands	10 à 15	—
—	— divers (belges, américains, russes, hongrois, hollandais, suisses, italiens).........	10 à 20	—
Côte est : articles	français...............	20 à 25 p. 100	
—	— anglais............ ...	30 à 35	—
—	— suisses et indiens (étoffes de coton)........	20 à 25	—
—	— divers (américains, portugais)..............	20 à 25	—
Madagascar : articles	français...............	50	p. 100
—	— américains et anglais..	50	—

Les principaux articles français vendus aux indigènes sont les ouvrages en métaux, les matériaux, les provisions, les comestibles, le sel, les armes (anciens fusils à pierre transformés), les liquides divers en barriques, dames-jeannes ou flacons, les rouenneries, la quincaillerie, etc. (1).

Tout ce qui vient d'être dit sur le commerce de l'Afrique explique les chiffres qui ont été relevés plus haut, l'infériorité certaine de notre industrie. Celle-ci s'étant refusée,

---

(1) Les chiffres proportionnels donnés ici, ainsi que tous les renseignements fournis sur l'origine des principaux articles vendus en Afrique, sont dus à l'obligeance de deux grandes maisons de Marseille qui font le commerce aux côtes occidentale et orientale.

ou à peu près refusée, à produire des marchandises de qualité inférieure à très bas prix, deux choses en résultent : en premier lieu, les négociants anglais et allemands qui possèdent, on l'a vu, des factoreries considérables sur les deux côtes n'étant jamais sollicités par le bon marché d'un produit français n'achètent dans notre pays aucune des marchandises qu'ils exportent en Afrique. En conséquence de ce fait, sur tous les points où le commerce étranger est seul, il n'est pas vendu de marchandises françaises (1). En second lieu, les négociants français eux-mêmes dont les affaires atteignent un chiffre important, obligés de lutter là où ils sont établis avec des concurrents étrangers, ne peuvent acheter aux industriels français que certains produits, soit pour une proportion de 20 à 25 0/0, tandis qu'ils doivent prendre chez nos voisins 80 ou 75 0/0 des marchandises qu'ils vendent (2).

Il convient toutefois d'ajouter que le gouvernement français cause un très grand tort à notre industrie en se refusant à subventionner un service postal aux côtes d'Afrique, comme le lui demandent tous les négociants qui y sont établis.

Tandis que les villes de Hambourg et de Liverpool sont en communication régulière et constante avec tous les points des côtes occidentale et orientale par les paquebots à vapeur de la maison Wœrmann, de la « British and Afri-

(1) Si des articles français sont vendus dans les colonies anglaises de troque, ils le sont par des maisons françaises.
En revanche, dans les deux colonies du Cap et de Maurice, peuplées en partie de colons européens, les produits français sont demandés. D'après les statistiques anglaises, nos importations dans ces pays s'élèvent à 13,637,000 francs. C'est là le chiffre du commerce général, mais celui du commerce spécial ne doit pas être sans importance, car la France envoie au Cap et à Maurice des vins, des engrais, des savons autres que ceux de parfumerie (savons de Marseille), des poteries, des verres et cristaux...
(2) Madagascar fait exception, on l'a vu, à cette proportion.

can steam navigation Company », de « l'African steam ship Company », de l'« European and African steamship Line » et de la maison Oswald, notre port de Marseille, siège de très fortes maisons de commerce, n'est relié par aucune ligne postale avec l'Afrique, et Bordeaux n'est relié qu'avec Gorée. Il résulte d'un pareil état de choses que le prix du fret pour l'Afrique est beaucoup plus élevé à Marseille qu'à Liverpool ou à Hambourg. Cette cherté de fret retombe sur la marchandise française et la majore d'autant, alors qu'elle ne se présente déjà pas dans des conditions suffisantes de bon marché. Les négociants français se voient ainsi obligés, suivant leur propre aveu, d'acheter et d'embarquer à Hambourg ou à Liverpool certains produits qu'ils achèteraient en France s'ils étaient assurés de trouver dans un de nos ports, — Marseille de préférence, — les navires d'une ligne postale qui n'exigerait pas un prix de fret supérieur à celui demandé par les compagnies anglaises et allemandes.

Il est donc urgent que le gouvernement consente à subventionner une ligne postale aux côtes d'Afrique comme il subventionne déjà, — dans un intérêt commercial bien plus que dans un intérêt postal, — les lignes de la Chine et du Japon ou de l'Australie. Il n'est pas douteux que les industriels français bénéficieraient immédiatement de l'organisation de ce service.

En revanche, le gouvernement ne saurait rien faire pour favoriser la vente des cotonnades rouennaises dans les pays indépendants ou soumis à l'Angleterre et à l'Allemagne. Jusqu'ici les manufacturiers de Rouen n'ont pas voulu engager la lutte avec leurs rivaux de Manchester. On ne peut dire s'ils persévéreront dans leurs errements ou se décideront enfin à s'outiller pour fabriquer à bon marché et vendre à bas prix. Les fabricants anglais qu'il convient de citer comme exemple et que les nôtres devraient imiter se contentent du bénéfice le plus minime sur chaque pièce d'étoffe, comprenant que c'est dans une production considérable et ininterrompue qu'ils trouveront de véritables profits.

On vient de traiter assez longuement des exportations de l'Europe dans les régions africaines. Il convient de ne pas négliger le second côté de la question : les importations sur les marchés d'Europe des produits de l'Afrique. Si, en effet, il est intéressant pour notre pays que l'industrie nationale produise les marchandises servant à l'achat des produits africains, il ne l'est pas moins que ceux-ci soient importés en France pour servir d'aliment à d'autres industries nationales.

On a vu que les produits africains arrivaient à Bordeaux et surtout à Marseille en quantités considérables : les arachides sont travaillées presque exclusivement par les fabriques françaises pour la savonnerie ; — les arachides décortiquées par les fabriques hollandaises et allemandes en concurrence avec l'industrie marseillaise qui lutte avec avantage ; — l'huile de palme est employée en Angleterre pour la savonnerie, en France et en Hollande pour la stéarinerie. Ce dernier emploi étant plus rémunérateur, l'importation en France augmente tous les ans, tandis qu'elle diminue en Angleterre. En outre les maisons françaises qui font le commerce des côtes d'Afrique ne suffisant plus aux besoins croissants de nos stéarineries, celles-ci achètent annuellement 10,000 tonnes d'huile de palme dans les ports de la Grande-Bretagne ; — les amandes de palme n'étaient travaillées, il y a peu de temps encore, que par les savonneries marseillaises, mais les facilités créées aux industries allemandes par le service des bateaux à vapeur hambourgeois ont eu pour résultat la création d'usines en Allemagne. Marseille cependant soutient cette concurrence.

Notre industrie met également en œuvre les bois, les

COMMERCE DES NATIONS AVEC L'AFRIQUE.   95

peaux, les gommes, le caoutchouc importés d'Afrique. Toutefois le caoutchouc et l'ivoire se vendent plutôt en Angleterre.

Il résulte de l'ensemble de ces renseignements que l'industrie française est beaucoup plus occupée par la préparation des produits venus d'Afrique que par la fabrication des articles que l'Europe fournit à ce continent. Les statistiques en témoignent du reste : tandis que l'industrie française n'écoule dans les pays neufs et de traite, ainsi qu'on l'a dit plus haut, que pour 12 millions de marchandises, elle reçoit de ces mêmes pays et travaille pour 68 millions de produits.

X

ÉTABLISSEMENTS FRANÇAIS DE L'INDE.

Ce que la France a conservé de l'empire de Dupleix. — Situation de nos cinq établissements. — L'industrie des *guinées*. — Mouvement du commerce et de la navigation. — Un port à Pondichéry. — Son importance.

Les possessions de la France dans l'Inde, souvenirs d'anciennes et glorieuses entreprises nationales, sont réduites aujourd'hui à cinq villes avec leur banlieue dont deux seulement, Pondichéry et Karikal, ont un peu d'importance, et à quelques *loges* perdues dans les territoires anglais.

La population totale de nos Établissements est de 282,000 habitants sur lesquels 2,600 Européens ou descendants d'Européens.

Les deux principales cultures sont le riz et l'arachide. On cultive aussi le cotonnier, le cocotier, l'indigotier, le tabac et le bétel. — Depuis 1877-1878 l'exportation des arachides a pris une importance considérable. Elle était évaluée l'année dernière à 525,000 quintaux métriques, représentant une valeur de 12 millions de francs.

Pondichéry possède, on le sait, le monopole de l'industrie du tissage des étoffes de coton dites *guinées*, qui sont teintes en bleu avec de l'indigo (1). Elles se vendent à la côte d'Afri-

---

(1) Les *guinées* de Pondichéry sont « bien meilleur teint » que celles fabriquées en territoire anglais. On attribue ce fait à ce que les eaux des sources de notre Établissement, dans lesquelles sont la-

que et particulièrement au Sénégal. Dans ces dernières années l'industrie des *guinées* s'est développée d'une façon sensible. Après avoir été prospère pendant longtemps, elle était tombée très bas. C'est ainsi qu'en 1874 nos établissements n'envoyaient plus que pour 828,000 francs de *guinées* au Sénégal, alors que l'étranger en introduisait pour 1,137,000 francs. L'administration métropolitaine s'émut à la fin de cette décadence de l'industrie indienne, et un décret en date du 19 janvier 1877 intervint qui accorda certaines conditions de faveur à l'importation au Sénégal des *guinées* fabriquées dans nos possessions de l'Inde. Grâce à cette protection contre laquelle ont protesté plusieurs négociants de Bordeaux — Bordeaux est en relations d'affaires à la fois avec l'Inde et le Sénégal, — les manufactures de Pondichéry se relevèrent. En 1883 elles ont envoyé au Sénégal pour environ 3 millions ou 3 millions et demi de guinées.

On peut juger toutefois que ce chiffre n'accuse pas encore un progrès satisfaisant, puisque la même année l'importation dans notre colonie africaine des guinées belges et anglaises, — qui doivent cependant acquitter un droit d'entrée de 120 francs par balle de 100 pièces, — s'est élevée à un chiffre supérieur (1). Mais la grande manufacture de Savana à Pondichéry augmentant tous les jours sa fabrication et perfectionnant ses métiers, il est permis d'espérer que dans quelques années la vente des *guinées*

---

vées les cotonnades lors de l'opération de la teinture, ont des qualités particulières que ne possèdent pas les eaux dont se servent les industriels anglais.

(1) Les statistiques tant de l'Inde que du Sénégal sont si insuffisantes que l'on ne saurait donner des chiffres précis. — Un seul paraît certain : l'Inde a exporté en France, pendant l'année 1883, pour 3,615,000 fr. de *guinées*. On peut estimer que la presque totalité de ces cotonnades mises en entrepôt à Bordeaux ont été en peu de mois réexportées au Sénégal.

françaises dépassera au Sénégal la vente des *guinées* étrangères.

Le commerce total des Établissements français de l'Inde a été de 32,234,000 francs en 1883. Dans ce chiffre les exportations de la France pour la colonie s'élèvent à 519,000 francs ; — les importations de la colonie en France à 12,764,000 francs ; — les exportations de l'étranger pour la colonie à 5,645,000 francs ; — et les importations de celle-ci à l'étranger à 10,730,000 francs. Le produit du mouvement d'affaires entre les Établissements et les colonies françaises complète ce tableau (1).

Il ressort de ces chiffres que la population généralement pauvre de l'Inde consomme peu de produits français. Les tissus de coton dont elle s'habille, le fer et le cuivre nécessaires pour ses ustensiles domestiques, sont fournis par les fabricants anglais ainsi que les machines pour les manufactures.

Les ports de Pondichéry, Karikal et Mahé, reçoivent surtout des navires d'un tonnage moyen qui viennent de la Réunion et de Maurice ou font le cabotage entre différents ports de l'Inde anglaise. En 1883 nos trois ports, — Pondichéry est de beaucoup le plus important, — ont compté, tant à l'entrée qu'à la sortie, 196 navires portant pavillon français (130,000 tonnes) et 940 portant pavillon étranger. On ne connaît pas le tonnage de ces derniers.

Peut-être dans quelques années Pondichéry verra-t-il son importance augmenter. D'une part, en effet, on a découvert sur son territoire, à Bahour, une couche de lignite susceptible d'être exploitée, et d'autre part, on projette d'y

(1) Les exportations de la France pour la colonie, 519,000 fr., appartiennent au commerce spécial, et dans les importations de la colonie en France, — 13,764,000 fr., chiffre du commerce général, — le commerce spécial entre pour 9,916,000 fr.

créer un port à l'embouchure de la rivière d'Ariancoupom. Si ce projet se réalise, la France possédera sur la côte indienne du golfe de Bengale une station commerciale de premier ordre qui pourrait n'avoir d'autre rivale que Calcutta, cette côte n'offrant pas d'autre port et Madras étant définitivement abandonné. A Pondichéry viendraient aboutir, grâce aux réseaux de chemins de fer qui desservent ou doivent desservir notre Établissement, tous les produits, — coton, riz, indigo, café, arachides, poivres, peaux — de la province de Madras. Ce serait l'entrepôt central du sud et le lieu de transit de ce riche commerce qui se distribue aujourd'hui, faute de ports, sur les mauvaises rades ouvertes de Madras, Négapatam, Taïcoup, ou bien se dirige sur Bombay, Goa, Calicut, Cochin, etc., au prix de gros frais de transport.

La création d'un port à Pondichéry aurait en outre une grande importance politique pour la France dans l'Inde. Ce serait enfin une station militaire et maritime sur la route de notre empire de l'Indo-Chine.

XI

INDO-CHINE FRANÇAISE

COCHINCHINE — CAMBODGE — ANNAM — TONKIN

Population et commerce de la Cochinchine. — Ce n'est pas la plus riche de nos colonies. — Les *produits riches* et les *produits pauvres*. — Population. — Les Anglais dans l'Inde et les Français en Cochinchine. — Comparaison avantageuse. — Commerce de 141 millions. — Exportation considérable du riz. — Importations anglaises et chinoises. — Médiocre importance du mouvement commercial entre la France et la Cochinchine. — Les Chinois chez eux dans notre colonie. — Vente des cotonnades anglaises. — Maisons de commerce françaises et étrangères établies à Saïgon. — Mouvement du port de Saïgon. — Situation défavorable de ce port. — Nécessité pour la Cochinchine de produire une marchandise demandée par l'Europe.
Le Cambodge, et la Convention du 17 juin 1884. — Principaux produits. — Heureux débuts du commerce français. — Le commerce du Cambodge se fait par la Cochinchine. — Les principautés Laotiennes. Traité de Hué du 6 juin 1884. — Traité de Tien-Tsin du 9 juin 1885.
L'Annam. — Ce pays est-il fertile? — Quel est son avenir? — Le commerce du port de Quin-Nhon.
Le Tonkin. — La France et l'Angleterre cherchant une route commerciale pour rejoindre les provinces méridionales de la Chine. — Le voyageur anglais Margary. — M. Dupuis. — M. Colquhoun. — La navigation du Song-Koï. — Un chemin de fer est nécessaire. — Le Yun-nan et ses mines. — La vallée du Song-koï route des provinces de la Chine méridionale.
Superficie et population du Tonkin. — Forêts et mines. — Opinion de M. Fuchs sur le bassin houiller de Hon-gàc. — Les rizières du Tonkin. — Autres produits : canne, coton, mûrier. — Le commerce au Tonkin. — Marchandises françaises et marchandises étrangères. — Cotonnades anglaises. — Nécessité de protéger les produits français. — Discussion du tarif différentiel préparé par l'administration des colonies. — Application dans l'Indo-Chine française d'un

tarif douanier spécial. — Avantages de ce système. — Il sera très suffisamment protecteur. — Efforts que devront faire les filateurs et tisseurs rouennais.

Les maisons françaises au Tonkin. — Exemples à suivre donnés par les maisons étrangères de l'Extrême Orient. — Principales maisons établies à Ha-noï et Hai-phong. — Usages commerciaux. — Comment se fera le commerce. — Utilité du détaillant chinois. — Emploi que trouveront les capitaux français au Tonkin dans le commerce, les travaux publics et l'industrie. — Fabrication des cotonnades au Tonkin. — Avenir du Tonkin. — L'œuvre du siècle prochain. — Grande demande de capitaux que fera la Chine au xxe siècle.

Avenir immédiat du Tonkin. — Exportation des riz et des soies. — 150 millions d'exportations et 150 millions d'importations dans dix ans.

Le Tonkin sera-t-il une charge pour le budget français? — Pourquoi les impôts produiront peu au début. — Les douanes. — 8 à 12 millions de recettes pendant les trois ou quatre premières années. — Augmentation sensible dans les années suivantes. — Exemple du développement des recettes en Cochinchine. — Les impôts et leur produit dans cette colonie. — Ce que la Cochinchine coûte encore au budget métropolitain. — Le Tonkin donnera 50 millions dans dix ans. — Le protectorat devra se suffire dès le début. — La France n'est pas allée chercher des charges nouvelles au Tonkin. — Elle payera les troupes et la flottille. — Le Tonkin devra payer plus tard toutes ses dépenses. — Exemples des Indes, du Canada et de l'Australie.

Conquise en 1859, agrandie en 1867, la Cochinchine avec une superficie de 59,000 kilom. carrés, une population de 1,690,000 habitants, un commerce général de 140 millions, paraît la première de nos colonies. Ces chiffres sont assurément les plus élevés, mais il ne s'ensuit pas que la Cochinchine soit au premier rang par sa richesse et sa prospérité. Il est certain, au contraire, que, proportionnellement à leur étendue, la Guadeloupe, la Martinique, la Réunion, dépassent de beaucoup notre possession indo-chinoise; aucune d'elles n'atteint 20,000 kilom. carrés, et la moins riche des trois a un commerce de 51 millions, la plus riche un commerce de 70 millions.

Cette infériorité de la Cochinchine ne saurait être expliquée par le peu d'ancienneté de notre occupation; s'il en était ainsi on serait en présence d'une simple question de temps : chaque nouvelle année pourrait être considérée comme un nouveau pas vers un état prospère. Le fait qui explique le faible développement de notre colonie est plus grave, parce qu'il est difficile de prévoir s'il disparaîtra jamais. Aux Antilles et à la Réunion on cultive la canne, on cultivera le café qui sont des *produits riches;* en Cochinchine on cultive le riz, qui est un *produit pauvre.* Aussi la situation de nos six provinces à l'embouchure d'un des fleuves les plus considérables du continent asiatique, leur fertilité extrême, les habitudes laborieuses de leurs populations ne sont point des gages suffisants de prospérité dans l'avenir. Le percement de l'isthme de Kra serait sans doute favorable à notre colonie : en ouvrant aux navires de l'Europe et des Indes qui se rendent en Chine et au Japon une route plus courte, il ferait peut-être du port de Saïgon un grand entrepôt. Mais ce qui serait beaucoup plus désirable, c'est que la Cochinchine pût fournir un fret certain, *une cargaison de retour*, aux navires européens qui fréquentent les mers de l'Extrême Orient. Jusqu'ici les riz cochinchinois ont été peu demandés sur les marchés d'Europe ; le seront-ils plus tard à la suite de quelque révolution industrielle ? La fabrication de l'alcool de riz, par exemple, prendra-t-elle un développement considérable ; ou bien parviendra-t-on un jour à acclimater *une culture riche* dans le delta du Mékong ?

La Cochinchine, comme l'Inde anglaise, est située sous le climat torride. C'est une « colonie de commerce et d'exploitation » ; ce ne sera jamais une colonie de peuplement, car les Européens y vivent mal et doivent y redouter la dyssenterie et les fièvres paludéennes. Dans une population de 1,690,000 âmes on ne compte que 2,000 Européens sur lesquels 1,073 Français.

Les adversaires de la politique d'expansion coloniale se sont emparés de ce dernier chiffre pour demander ce que « la France avait été faire dans la vallée du Mékong »? Personne n'ignore cependant qu'une nombreuse immigration européenne n'est pas nécessaire dans une « colonie de commerce et d'exploitation ». Il suffit que quelques centaines d'Européens banquiers, planteurs, commerçants, ingénieurs, mécaniciens, viennent s'y établir. Ils seront « l'élément dirigeant », tandis que les natifs, qui peuvent cultiver la terre et se livrer à tous les travaux, seront « l'élément dirigé ». C'est la situation qui existe dans notre possession indo-chinoise comme dans l'Inde ; elle n'a rien que de rationnel.

Mais il convient d'ajouter, et ce fait doit être opposé aux adversaires de la politique d'expansion coloniale, que, comparativement au chiffre de la population indigène, les Français sont beaucoup plus nombreux en Cochinchine que les Anglais dans l'Inde.

On a recensé dans ce pays, qui est une des plus vieilles possessions de la Grande-Bretagne, 33,184 individus de race anglaise perdus au milieu d'une population de 253,982,000 natifs ; soit une proportion de 1 Anglais par 7,653 Indous. D'un autre côté la Cochinchine est conquise depuis vingt-cinq ans à peine, et nos nationaux y sont au nombre de 1,073 dans une population de 1,690,000 âmes. On compte donc 1 Français pour 1,575 Annamites (1). Cette

---

(1) Le recensement de 1881 accuse une population de 89,798 Anglais (77,188 hommes et 12,610 femmes) dans l'Inde. Mais il faut retrancher de ce total 55,808 soldats britanniques et 806 marins.

Quant au chiffre de 1,073 Français il est fourni par les *Statistiques coloniales pour* 1883, et ne comprend pas les troupes de terre et de mer.

On remarquera que si les corps d'occupation anglais et français ne sont pas compris dans ces deux chiffres, il en est autrement des fonctionnaires.

comparaison est, on le voit, loin d'être désavantageuse à notre colonie asiatique, d'autant que des cultivateurs anglais auraient pu s'établir et s'acclimater par millions sous un climat favorable dans certaines régions de l'Inde (1).

Le commerce total de la Cochinchine s'est élevé en 1883 à 141,120,000 francs (2).

Il convient de décomposer ce chiffre en détail pour bien montrer la situation particulière de la colonie.

Les exportations de la colonie, tant pour la France que l'étranger, ont atteint en 1883, le chiffre de 79,685,000 francs. Dans cette somme les exportations de riz et de paddy (riz non décortiqué) entrent pour plus de 61 millions et demi (61,630,000 francs). Le chiffre seul indique l'importance de cette culture. Chaque Annamite a son champ de riz où il fait deux récoltes par an.

L'importance de la récolte de cette céréale varie beaucoup suivant les années : ainsi les exportations ont été de 40 millions en 1880, de 33 l'année suivante, puis de 61 et demi en 1883. Ce riz est envoyé pour plus de moitié en Chine, puis dans les Établissements du détroit de Malacca, aux Indes Néerlandaises, aux îles Philippines, enfin en Europe et en France pour une somme médiocre (3).

(1) Élisée Reclus, *Nouvelle Géographie universelle*.
(2) Les statistiques fournies par la colonie auxquelles tous les chiffres suivants sont empruntés s'expriment en « piastres », monnaie qui vaut environ 5 francs. On a fait ici, pour simplifier, la conversion immédiate en monnaie française.

Ces statistiques ont, paraît-il, été dressées avec plus de soin que les années précédentes. C'est dans ce fait et non dans un accroissement soudain et considérable du commerce de notre colonie qu'il faut chercher l'écart entre les chiffres de 1881 et ceux de 1883. — En 1881 on évaluait le mouvement total du commerce à 100 millions, tandis qu'en 1883 on l'évalue à 141 millions.

(3) Dans cette énumération et les suivantes le nom des pays est toujours placé suivant l'importance de leurs relations commerciales avec la colonie.

Tandis que la seule exportation du riz donnait en 1883 une somme de plus de 61 millions et demi, tous les autres produits exportés ne s'élevaient ensemble qu'à 18 millions (18,055,000 francs).

C'étaient les poissons secs et salés (pour Singapore et la Chine), les peaux d'animaux, la graisse de porc et de poisson, des huiles (pour Singapore, la Chine, les Indes Néerlandaises, la France), le poivre (pour Singapore, la Chine et la France), les déchets de soie et la soie grège qui viennent beaucoup plus de l'Annam et du Tonkin que de la Cochinchine elle-même (pour Singapore et la France), les légumes secs, les crevettes séchées (Singapore et la Chine), les bois de construction et les brisures de riz (la Chine), le coton (la Chine, l'Annam, le Tonkin), les légumes frais, les volailles (pour Singapore et Hong-Kong).

En résumé, les exportations de la Cochinchine se sont élevées : pour la Chine, — surtout Hong-Kong, — à 42 millions ; — pour Singapore et les Établissements du détroit à 20 millions ; — pour l'Annam et le Tonkin à 4 millions et demi ; — pour l'Europe moins la France à 150,000 francs ; etc., etc., et enfin pour la France à 3,137,000 francs seulement. Ce chiffre est celui du commerce général ; celui du commerce spécial est de 2,738,000 francs. Après le riz (1,679,000 francs), les produits importés en France sont la soie et la bourre de soie, les graisses, la colle de poisson, le poivre (1).

Pendant la même année les importations de la France et de l'étranger dans la colonie ont atteint près de 61 millions et demi (61,435,000 francs).

Les principales matières d'importation sont les vins et les conserves, les passementeries, les outils et fers ouvrés,

(1) Le chiffre donné pour la France est emprunté au *Tableau général des douanes ;* ceux donnés pour les autres pays aux *Statistiques coloniales.* La concordance n'existe pas toujours entre ces documents.

les machines, qui viennent surtout de France; les cotonnades, les tissus, la mercerie, la lingerie de Singapore, c'est-à-dire d'Angleterre; les fers en barre de Belgique; le thé, les soieries, les médecines, les huiles, les papiers, les comestibles de Chine... etc.

La Chine, surtout Hong-Kong, vient au premier rang pour les importations comme pour les exportations. En 1883 elle a importé en Cochinchine pour 24 millions de marchandises. La même année les importations de Singapore ont été de 19 millions; celles de l'Annam et du Tonkin de près de 4 millions et demi; celles de l'Europe, moins la France, de 3,887,000 francs; celles de la France de 9,529,000 francs, dont 7,156,000 francs au commerce spécial.

Ces détails sur les marchandises exportées et importées montrent le peu d'importance qu'a le commerce français dans notre colonie de l'Extrême Orient. Tandis que le mouvement commercial de la Cochinchine avec la Chine s'élève à 66 millions et celui avec Singapore à 39 millions, celui avec la France ne dépasse guère 12 millions et demi (12,666,000 francs) (1).

Cette infériorité peut être expliquée. Que fournit la Cochinchine? Du riz, de la graisse de porc et de poisson, des poissons secs et salés, marchandises qui ne sont demandées ni en France ni en Europe et sont au contraire consommées par les populations de la Chine, des îles Philippines, des Indes Néerlandaises, de l'Annam. D'un autre côté, les Annamites entraînés depuis des siècles dans

---

(1) Il convient toutefois de remarquer que les statistiques ne mentionnent que les importations et les exportations directes. Elles ne donnent point le chiffre des marchandises débarquées à Singapore et Hong-Kong, puis réembarquées pour Saïgon, ni celui des marchandises cochinchinoises réexportées des deux ports anglais en France. Mais il est à craindre, après tout ce qui vient d'être dit sur les relations commerciales de la colonie, ses produits et ses besoins, que ce double mouvement de réexportation soit peu important.

la civilisation, l'industrie et le commerce des populations de la race jaune, ne demandent pas, comme les races primitives de l'Afrique, toutes leurs marchandises à l'Europe. C'est ainsi qu'ils achètent leurs thés, leurs médecines, leur poteries, leurs soies en Chine. Les Chinois du reste sont dans notre colonie plus chez eux que nous-mêmes : au nombre de 50 à 60,000, ils vivent dans tous les villages, mélangés aux Annamites, dont ils ont la religion, la civilisation, la langue. Ils tiennent tout le commerce intérieur et une grande part du commerce extérieur.

Il faut ajouter encore, pour expliquer l'infériorité du commerce français en Cochinchine, que nos produits, qui ne sont jusqu'ici favorisés par aucune taxe douanière, y rencontrent, comme en Afrique, plus qu'en Afrique même, la terrible concurrence des produits anglais *bon marché*. En 1883 la France a vendu seulement pour 1,390,000 francs (commerce spécial) de tissus, passementeries, rubans, lingeries et vêtements, tandis que l'Angleterre a écoulé pour environ 13 millions et demi de cotonnades et de tissus venus des entrepôts de Singapore et de Hong-Kong. C'est là un fait profondément regrettable, très grave, — on y reviendra dans l'étude de l'avenir commercial du Tonkin, — car les cotonnades, sont la *monnaie courante*, l'élément d'échange indispensable de toute transaction entre l'Europe et l'Extrême Orient.

On l'a déjà dit, la première place appartient en Cochinchine aux maisons chinoises. Ce sont les plus riches, les plus actives, les plus solides. Elles font le commerce intérieur et extérieur. C'est aux marchands de Cholon que les négociants européens achètent leurs produits d'exportation. Après les maisons chinoises viennent les maisons allemandes (Engler et Cie, Speidel et Cie...), anglaises (Hale...) et françaises (Denis frères, Renard et Cie). Les maisons étrangères sont-elles plus importantes que les nôtres ? On ne saurait le dire très exactement, toutefois on doit constater qu'elles ont fait des bénéfices plus importants que les maisons françaises et qu'elles ont dans le commerce d'exportation un avantage qui n'est pas sans valeur : comme il n'y a guère dans les ports voisins que des négociants anglais et allemands, ceux-ci passent naturellement leurs ordres à leurs nationaux établis à Saïgon. D'un autre côté, les négociants français ont établi dans la colonie des décortiqueries pour le riz, des scieries à vapeur, des tramways, des chemins de fer, une compagnie fluviale. Les capitaux engagés dans ces opérations sont exclusivement français (1).

Il y a en Cochinchine quatre grandes maisons de crédit : la Banque l'Indo-Chine, à qui le gouvernement a assuré certains privilèges et trois banques anglaises, dont la célèbre « Hong-Kong Shang-Haï Banking Corporation ».

Saïgon est à proprement parler le seul port de notre colonie : Mytho, Rachgia, Camau et Hatien n'étant fréquentés que par des barques et des jonques. En 1883 le mouvement du port de Saïgon, — entrées et sorties réunies, — a été de 4,148 navires jaugeant 1,200,000 tonneaux.

Le premier rang appartient au pavillon anglais : 443 navires, — 458,000 tonneaux ; — le second au pavillon français : 259 navires, — 409,000 tonneaux (2) ; — le troisième au pavillon allemand : 196 navires, — 166,000 tonneaux ; — le quatrième aux barques annamites et jonques chinoises : 3,097, — 68,000 tonneaux ; — le cinquième au pavillon hollandais : 48 navires, — 57,000 tonneaux... etc.

141 millions d'importations et d'exportations, — 1,200,000

(1) Un chemin de fer relie Saïgon à Mytho. — Les scieries et les sucreries fondées jusqu'à ce jour n'ont pas prospéré.

(2) Dans ce chiffre sont naturellement compris les paquebots subventionnés des « Messageries maritimes ».

tonnes d'entrées et de sorties : ce sont là assurément le commerce et le mouvement d'un grand port. Saïgon est loin cependant de la prospérité des deux grands entrepôts anglais de l'Extrême Orient : Singapore, qui a un commerce de 570 millions, et Hong-Kong de 300 millions. Du reste notre port ne peut espérer avoir les avantages d'une rade d'escale comme ses deux voisins. Il est, en effet, loin de la mer; un steamer doit attendre la marée pour monter ou descendre la rivière : c'est un pilotage à payer, un retard à subir. Aussi l'on ne vient à Saïgon que pour un fret déterminé, rarement à l'aventure.

Il en sera ainsi tant que la Cochinchine ne produira pas une *marchandise demandée par l'Europe,* dont on puisse toujours s'approvisionner.

Jusque-là le commerce saïgonnais pourra continuer à augmenter, mais il n'y aura pas de changement dans la nature des éléments de ce commerce.

CAMBODGE.

Le royaume du Cambodge, débris du grand Empire Khmer, qui s'étendait autrefois sur toute l'Indo-Chine et atteignait jusqu'au 20e degré de latitude nord, occupe aujourd'hui une superficie d'environ 100,000 kilomètres carrés, entre le Siam, le Laos indépendant, l'Annam, la Cochinchine et la mer. Sa population est évaluée à 1 million et demi d'habitants. Placé depuis 1863 sous notre protectorat, il est resté dans une situation presque indépendante jusque dans ces dernières années. C'est alors que les gouverneurs de la Cochinchine ont voulu y étendre l'influence française par une série de mesures administratives ou financières. La récente Convention du 17 juin 1884 a précipité les événements : le Cambodge avec des résidents et des garnisons françaises ne sera bientôt plus qu'une annexe de la Cochinchine.

Jusqu'ici on sait peu de chose des productions et de la richesse de ce pays.

Avant la soumission du roi Norodom, le commerce était monopolisé entre les mains des Chinois : en échange du coton, de la soie, du tabac, du riz que venaient leur apporter les Cambodgiens, ils leur vendaient l'opium et l'alcool de riz. On comptait cependant, en dehors des « Messageries fluviales de Cochinchine », deux ou trois maisons françaises (M. Marrot, M. Vandelet... etc...), et une maison allemande établie à Phnom-Penh (Speidel et Cie de Saïgon); mais il semble qu'elles cherchaient avant toutes choses à obtenir du roi des concessions, des monopoles ou des fermes. Depuis quelques mois, plusieurs négociants français projettent, paraît-il, de s'établir dans le pays pacifié. Ils ont déjà réussi à y introduire et à faire accepter par les indigènes des marchandises de fabrication métropolitaine et notamment une cotonnade fabriquée par les industriels de Rouen et de Roanne (1).

On peut espérer dans l'avenir de ce pays, qui semble fertile surtout aux bords du Mékong. Les terres y étant plus élevées qu'en Cochinchine, il produit, avec le riz, l'indigo, le tabac, le coton, le mûrier, la canne; on pêche dans le Grand Lac des quantités considérables de poisson, et des forêts très riches pourraient être mises en exploitation. Enfin deux ingénieurs, MM. Boulangier et Fuchs, ont reconnu dans la province de Compong-Thom la mine de fer de Ph'nom Deck qui, exploitée, donnerait des « minerais d'une

(1) *Rapport adressé au ministre de la marine et des colonies par M. Gustave Praire*, chargé d'une mission commerciale en Indo-Chine. — « Les cotonnades françaises dont les Cambodgiens paraissent avoir définitivement adopté l'emploi trouveront dans ce pays un débouché de plus en plus important... Les habitants du Laos et du Siam qui se vêtissent comme les Cambodgiens sont appelés à employer le même tissu... »

grande richesse comparable à celle des minerais pyrénéens (1) ».

Les *Notices coloniales publiées pour l'Exposition d'Anvers* évaluent les exportations et les importations du Cambodge à 10 ou 12 millions de francs, sans tenir compte des produits venant du Laos ou des provinces siamoises, ceux-ci ne faisant que transiter. Le commerce du Cambodge se fait presque entièrement par la Cochinchine : les navires des « Messageries fluviales » qui remontent aujourd'hui le fleuve jusqu'à la frontière du Laos, et les barques indigènes importent les marchandises européennes et exportent les produits du pays.

Les Principautés Laotiennes établies sur les rives du Mékong et de ses affluents n'ont eu jusqu'ici que peu de relations avec les pays qui les environnent. Leur faible commerce, qui est le plus souvent entre les mains de traitants chinois, se fait au sud par le Cambodge et le Siam, à l'est et au nord par l'Annam et le Tonkin. Les voyageurs qui ont parcouru cette immense région du Laos estiment cependant qu'elle n'est pas sans avenir. Stung-Treng, Attopeu, Korat, Kemarat, Lakône, Mong-Kay, sont déjà des villes d'une certaine importance ; Bassac, Oubône, Louang-Prabang, de grands marchés. Le Laos exporte du fer, du cuivre, des cardamomes, du coton, des peaux, des plumes d'oiseaux, des gommes.... il importe des cotonnades, des flanelles, des bols chinois, du sel, du tabac, des armes...

L'établissement de la France au Cambodge et au Tonkin aura sans doute pour résultat, dans quelques années, de rendre plus actif le mouvement des échanges entre ces pays et le Laos (2).

(1) *Annales des mines*, livraison de septembre-octobre 1882. M. Fuchs.
(2) Voir dans le rapport de M. Lanessan à la Chambre des députés

ANNAM.

L'histoire des événements qui se sont déroulés en Annam et au Tonkin depuis plus de deux ans est dans toutes les mémoires. Chacun connaît, au moins dans leurs lignes générales, les traités de Hué du 6 juin 1884 et de Tien-Tsin du 9 juin 1885. Le premier place le royaume d'Annam sous le protectorat de la France en distinguant l'Annam proprement dit du Tonkin, qui est soumis à un régime de protection plus complet et plus absolu. Le second contient l'engagement pris par le Céleste-Empire de respecter le nouvel état de choses introduit par la France en Annam et d'autoriser le commerce entre la Chine et le Tonkin.

Ces actes diplomatiques ont assuré à la France deux « protectorats », deux colonies nouvelles. Acquises d'hier, elles ne sont encore ni définitivement conquises ni pacifiées.

S'il y a peu à dire sur l'Annam, il y a, au contraire, beaucoup à dire sur le Tonkin. Après avoir critiqué la conduite de l'opération militaire, certains esprits discutent, avec la plus grande passion, — la valeur, l'*utilité*, d'une colonie qui a coûté à la France deux ans d'efforts, des hommes et de l'argent. On essayera donc, pour répondre à la préoccupation générale et en évitant toute polémique, d'étudier la *question du Tonkin* sous tous ses aspects : Quelle est la situation géographique et commerciale de la vallée du Song-Koï ? Quelle est sa richesse et son avenir ? Quels débouchés ou quels emplois y trouveront les marchandises et les capitaux français ? Enfin cette nouvelle colonie sera-t-elle une charge pour le budget métropolitain ?

sur la Convention complémentaire de commerce entre la France et la Birmanie une étude sur les Principautés laotiennes, écrite d'après les travaux publiés par les voyageurs qui ont exploré le Laos.

Avant d'aborder ces questions il convient de consacrer quelques lignes au royaume d'Annam proprement dit.

Privé de la Cochinchine au sud, du Tonkin au nord, l'Annam n'est plus qu'une immense bande de terre resserrée entre la mer et les montagnes et dont la largeur ne dépasse pas une moyenne de 50 kilomètres ; sa population peut être estimée à 2 millions d'âmes.

On connaît encore trop imparfaitement ce pays pour qu'il soit possible de porter un jugement avec quelque certitude sur sa fertilité ou l'avenir qu'il peut espérer. Au bord des cours d'eau, dans les terrains humides, les indigènes font pousser le riz, — toutefois l'Annam n'en produit pas suffisamment pour sa propre consommation et doit en acheter au Tonkin des quantités importantes ; sur d'autres points on élève des bœufs et des buffles. Les principales cultures sont la canne, le coton, l'indigo, le thé, le tabac, la cannelle ; on trouve dans les montagnes des bois de construction, des minerais et des marbres. La colonie chinoise qui habite la ville de Faïho y exploite un riche bassin houiller.

Enfin, on peut ajouter qu'il est possible qu'un mouvement d'échanges d'une certaine importance vienne à s'établir entre les ports de l'Annam et les Principautés laotiennes de la région du Mékong.

Jusqu'ici le gouvernement annamite ayant toujours écarté les étrangers avec le plus grand soin, il n'a rien été fait en Annam pour le développement du commerce ou de l'industrie. Le port de Quin-Nhon, ouvert au commerce européen depuis 1874, sous la protection d'un Résident français, paraît être plus fréquenté que Tourane. On possède sur son commerce quelques faibles données. Les maisons, presque toutes chinoises, qui y sont établies concentrent dans leurs magasins les marchandises de l'intérieur et entretiennent leurs principales relations avec Saïgon, Singapore et surtout Hong-Kong. Elles importent des cotonnades anglaises, du coton non égrené, du coton filé, du thé, du papier chinois, des médecines, des vieux fers et des vieux cuivres; elles exportent l'huile et les tourteaux d'arachides, la soie, le poivre, le sel, les haricots secs... Le mouvement d'échanges de Quin-Nhon se serait élevé en 1883 à un peu plus de 2 millions : 860,000 francs à l'importation et 1,200,000 à l'exportation.

TONKIN.

Depuis la glorieuse expédition de Francis Garnier et le voyage de M. Dupuis, quelques hommes politiques songeaient en France à assurer à leur pays la possession du Tonkin. Ils ne s'étaient pas fixé d'heure pour atteindre ce but, et peut-être est-il permis de dire qu'elle leur a été imposée par les événements eux-mêmes.

Deux raisons semblent les avoir déterminés à préparer notre établissement dans la vallée du Song-Koï : la fertilité et la richesse de cette immense région beaucoup plus favorisée que la Cochinchine, puis en même temps sa position géographique qui semblait en faire la route la plus pratique pour pénétrer dans le Yun-nan et les autres provinces intérieures de la Chine.

Découvrir et assurer à son pays une voie commerciale permettant d'entrer en relations avec la Chine intérieure et les provinces arrosées par le Yang-tsé-Kiang est, en effet, un des gros problèmes de l'Extrême Orient. Le gouvernement anglais de l'Inde, établi sur le cours inférieur du Brahmapoutre et de l'Irrawady, cherchait à le résoudre depuis plus de quarante ans déjà lorsque la France est venue s'établir aux bouches du Mékong. Les maîtres de Calcutta ne pouvaient se résoudre à franchir éternellement les mers et les détroits pour se rendre à Shangaï, et ils voulaient ouvrir à leur commerce un chemin qui, passant par le Yun-nan relierait l'Inde à Hankoou, la grande ville commerçante située au centre de l'empire sur le Yang-tsé.

On ne rappellera ici ni les nombreuses tentatives des voyageurs anglais qui ont successivement remonté les vallées du Brahmapoutre, de l'Irrawady, de la Salouem et du Haut Mékong, ni la mission française de Doudard de Lagrée qui a reconnu toute la vallée de ce dernier fleuve. Chacun sait qu'au moment où Margary découvrait la route de Bhamo, — sur l'Irrawady, — à Momeïn, — dans le Yun-nan, — la moins « impossible » des routes partant du territoire anglais qui ait été trouvée jusqu'ici, — M. Dupuis, inspiré peut-être par un pressentiment de Francis Garnier, remontait le fleuve Rouge jusqu'à la ville chinoise de Mang-hao (1).

Le jour où l'on apprit que ce négociant était parvenu à franchir avec ses barques les deux tiers de la distance qui sépare la capitale du Yun-nan de la mer, on pensa que le problème était résolu.

(1) Margary ayant été assassiné en territoire chinois au retour de son voyage, le gouvernement britannique se plaignit à la cour de Pékin, et ses réclamations furent si pressantes que celle-ci consentit à la signature de la convention de Tché-fou le 13 septembre 1876.
L'article 4 de cette Convention montre combien vif était le désir du gouverneur anglais d'ouvrir au commerce les provinces méridionales de la Chine dès qu'une route pratique aurait été découverte : « Le gouvernement britannique sera libre pendant 5 ans, à partir du 1er janvier prochain, qui sera le 17e jour de la 11e lune de la 2e année du règne de Kouang-Su, de placer des agents à Tali-fou ou dans quelque autre localité convenable du Yun-nan pour y étudier les conditions du commerce afin de recueillir des renseignements sur lesquels on puisse baser les règlements commerciaux lorsque ceux-ci viendront en discussion. Pour l'examen et l'arrangement de toute affaire concernant des fonctionnaires ou des sujets anglais ces agents pourront s'adresser aux autorités de la province. L'ouverture du commerce pourra être proposée par le gouvernement britannique ainsi qu'il lui plaira le mieux à quelque époque que ce soit, dans le cours de 5 ans ou à l'expiration de ce délai de 5 années. »
Il ne paraît pas que le gouvernement anglais ait fait usage des droits que lui donnait cet article.

On est revenu aujourd'hui sur cette idée trop vite acceptée. Le fleuve Rouge, encombré de rochers, coupé par des rapides, torrentueux pendant une partie de l'année, à demi desséché pendant une autre, est d'une navigation difficile. Nos canonnières y manœuvrent avec peine et souvent elles ont été arrêtées par la baisse des eaux. La batellerie des riverains, — barques annamites ou radeaux yunnanais, — ne peut elle-même assurer toujours une navigation régulière. Il ne semble cependant pas douteux que cette route du fleuve Rouge soit encore la plus pratique, la plus simple que l'on ait proposée. Peut-être nos ingénieurs sauront-ils construire des bateaux à fond plat capables de remonter et de descendre le fleuve en toute saison ; il est plus probable toutefois que la construction d'un chemin de fer du delta à Lao-Kay ou à quelque autre point de la frontière chinoise sera reconnu nécessaire, — d'autant plus que si la France négligeait d'assurer aux négociants une route commerciale pratique entre la Chine intérieure et la mer à travers le Tonkin, il serait à craindre que la Chine elle-même construisît dans un temps relativement court le chemin de fer de la vallée du Si-Kiang qui relierait le Yun-nan à Canton (1).

(1) La construction par les Anglais d'un chemin de fer de Bhamo à Momein, puis de Momein à Taly-fou, capitale du Yun-nan, d'où on peut rejoindre le Yang-Tsé-Kiang, doit être considérée comme absolument impossible, les obstacles créés par la nature étant insurmontables.

Elle est d'ailleurs condamnée aujourd'hui par le voyageur anglais Colquhoun qui croit avoir enfin découvert la route commerciale la plus pratique pour pénétrer dans le Yun-nan. Dans un ouvrage publié il y a quelques mois, M. Colquhoun conseille à ses compatriotes la construction d'un chemin de fer qui partirait de Maulmeïn sur le golfe de Martaban, gagnerait Raheng sur le Ménam, Xieng-Mai (ou Zimmé; l'Angleterre a récemment obtenu le droit d'y placer un vice-consul), — Xieng-Sen sur le Mékong, Xieng-Tung, Xieng-Hung et enfin Sé-mao, ville chinoise de la frontière méridionale du Yun-nan.

M. Colquhoun a tenté de créer un mouvement d'opinion en Angleterre en faveur de son projet, mais jusqu'ici on a vu surtout les

Le Yun-nan, dont la possession du Tonkin nous fait les voisins, est une contrée montagneuse, un massif volcanique, vaste plateau d'environ 2,000 mètres de hauteur qui, à cause de sa situation géographique, n'a pu avoir jusqu'ici de relations commerciales avec les pays voisins.

Sa superficie est évaluée à 300,000 kilomètres carrés et sa population a seulement 3 millions d'habitants (1). Toute sa richesse est dans ses mines : elles paraissent considérables : fer, cuivre (souvent pur), galène argentifère, cinabre, zinc, plomb, charbon de terre, pierres précieuses, rubis, topazes, saphirs ; — dans la vallée du fleuve Rouge, un gisement d'étain ; — près de Mang-hao, des mines importantes ;

difficultés qu'il présente : difficultés politiques, car il faudrait traverser un pays habité par les tribus Shanes, indépendantes ou tributaires de la Birmanie et du Siam ; — difficultés matérielles, car cette immense région est peu connue, très montagneuse et coupée par des vallées profondes. Il faut encore ajouter que la voie ferrée proposée par M. Colquhoun aurait une longueur beaucoup plus grande que celle de la vallée du fleuve Rouge.

On sait que jusqu'ici il existe deux chemins de fer dans la Birmanie britannique et ne dépassant pas ses frontières : la ligne de Rangoon à Prome et celle de Rangoon à Toungoo.

La question de la Birmanie, en ce moment ouverte (novembre), offre pour nous beaucoup d'intérêt. Si la Grande-Bretagne annexait la Haute-Birmanie, l'Inde anglaise ne serait plus séparée de la frontière chinoise que par quelques tribus indépendantes, et les navires de commerce pourraient remonter l'Irrawady jusqu'à Bhamo. La presse anglaise pousse le gouvernement à profiter des difficultés actuelles avec le roi Thibo pour annexer tout le pays. Le *Times* écrivait à ce sujet le mois dernier (19 octobre) : « La suite des événements nous a mis en mesure de nous établir dans la Haute-Birmanie et nous serions vraiment bien fous si nous laissions cette occasion s'échapper. C'est comme grande route vers la Chine que la Haute-Birmanie est d'une grande valeur pour nous, et cette route, nous devons insister pour qu'elle reste ouverte à tout prix (at whatever cost). »

(1) En 1842 la population du Yun-nan était évaluée à 5,825,000 habitants ; les terribles insurrections religieuses des musulmans, nombreux dans cette province, et la sanglante répression du gouvernement chinois ont dépeuplé le pays.

— sur les sommets, des bois de construction et du bétail (1).

On peut donc espérer que lorsque les bandes du Haut Tonkin seront dispersées, le pays pacifié, l'influence française assise, la vallée du Song-Koï deviendra la route nécessaire des produits du Yun-nan et des autres provinces méridionales de la Chine vers la mer. Grâce au traité de commerce franco-chinois en ce moment projeté, les entrepôts de Ha-noï et de Hai-phong recevront alors les métaux et les bois du Yun-nan, les thés du Pou-eulh et de la vallée du Wukiang, le musc, la poudre d'or, les soies du Koueï-tcheou et du Se-tchuen ; ces provinces demanderont en échange aux marchés du Tonkin des cotonnades, du sel, de la mercerie, de l'horlogerie, de la quincaillerie...

Mais la vallée du fleuve Rouge n'est pas seulement, on l'a dit, une route commerciale, un pays de transit, c'est aussi une province riche ou plutôt susceptible de devenir riche après quelques années de paix et de travail.

L'*Almanach de Gotha* évalue la superficie du Tonkin à 200,000 kilomètres carrés, c'est-à-dire à plus du tiers de la France qui mesure 528,000 kilomètres carrés, et l'on estime assez généralement sa population à 10 millions d'âmes. Notre nouvelle possession est donc beaucoup plus grande et plus peuplée que la Cochinchine. Il faut ajouter qu'elle se divise en deux régions distinctes : le delta, très peuplé et très fertile, c'est le « Tonkin où l'on mange » ; puis le haut pays, extrêmement montagneux, couvert de forêts, presque désert, c'est le « Tonkin où l'on ne mange pas » (2).

Nous sommes installés depuis trop peu de temps dans

(1) Élisée Reclus, *Géographie universell*.
(2) On sait que la superficie du « Tonkin français » n'est pas aussi considérable que celle du « Tonkin géographique et politique », le traité du 6 juin 1884 ayant rendu à l'Annam la province de Tanh-Hoa.

ce pays où la paix n'est pas encore rétablie, pour qu'il soit possible de se rendre un compte bien exact de ses ressources et de ses produits. Les observations faites jusqu'ici ont été souvent superficielles. Toutefois, on ne saurait nier que les renseignements recueillis depuis 1874 par nos résidents et dans ces deux dernières années par les officiers du corps expéditionnaire, les voyageurs et les négociants qui les ont suivis, représentent le Tonkin comme un pays riche, fertile, habité par une population laborieuse. La vérité doit être dans cette opinion que l'exploitation du Tonkin, sa mise en valeur, est une affaire de longue haleine, à laquelle nous devons nous attacher sans en attendre des bénéfices immédiats.

Le haut pays, c'est-à-dire la région des forêts et des mines, est aujourd'hui peu connu. On sait cependant que les montagnes du Tonkin peuvent donner en quantité les bois de charpente et les bois d'ébénisterie, les bois de fer, le bambou, le rotin. Les indigènes exportent déjà plusieurs de ces produits en Chine. Des mines de fer, de cuivre, d'or, d'argent, de plomb, de zinc ont été reconnues (1). Plusieurs étaient exploitées lors de l'arrivée des troupes françaises. Enfin M. Fuchs, ingénieur en chef des mines, ayant exploré en 1881-1882 le bassin houiller de Hong-Gâc et quelques bassins secondaires, croit « que l'on peut espérer à courte échéance un écoulement annuel de 100,000 tonnes pour les produits du bassin de Hong-Gâc ». Ces charbons remplaceraient sur les marchés de Singapour, Saïgon, Hong-Kong et Shanghaï, ceux d'Angleterre, d'Australie et de France (2).

La première culture du Tonkin est naturellement le riz. On estime qu'il y a un million d'hectares de rizières

---

(1) *Notices coloniales publiées à l'occasion de l'Exposition d'Anvers.*
(2) *Annales des mines*, livraison de septembre-octobre 1882. — Rapport de M. Fuchs au ministre de la marine.

cultivées ou pouvant être cultivées actuellement dans le Delta. Comme en Cochinchine, le même terrain donne deux récoltes par an. Il est difficile de savoir à combien s'élevaient, année moyenne, les exportations du riz sous la domination annamite, mais on croit assez généralement que lorsque le calme sera rétabli dans les provinces et les ruines de la guerre réparées, le Tonkin arrivera en peu d'années à exporter vingt millions de piculs, c'est-à-dire plus du double de ce qu'exporte la Cochinchine (1) (en 1883, 8,648,000 piculs, représentant une valeur de 61,630,000 francs).

Mais le Tonkin, — et c'est ce qui pourra faire sa richesse, — n'est pas seulement, comme notre colonie du sud de l'Indo-Chine, une immense rizière. On a déjà parlé de ses bois et de ses métaux ; il faut ajouter qu'on y rencontre encore d'autres *produits riches :* la canne à sucre dont la culture paraît être assez considérable ; — le mûrier qui nourrit les vers à soie et est ainsi la base d'une riche industrie ; — le coton, récolté dans toutes les provinces, et qui est déjà un objet d'exportation ; — l'indigo ; — le maïs ; — les plantes textiles ; — l'arbre à thé, cultivé plus particulièrement sur les plateaux des environs de Song-tay, de Hong-hoa et dans le nord ; — le manioc, — les arachides ; — les haricots, exportés en Chine et à Saïgon ; — le tabac ; — l'arbre à laque ; — l'anis étoilé, etc.

On le voit, il résulterait de ces renseignements empruntés aux documents officiels et aux rapports de MM. Paul Brunat et Gustave Praire, que le sol et le sous-sol de notre nouvelle colonie sont riches. Elle est habitée par un peuple tranquille et travailleur ; la main-d'œuvre est à vil prix. Il n'est donc pas nécessaire que de nombreux

---

(1) *Exploration commerciale du Tonkin.* Rapport présenté par M. Paul Brunat à la Chambre de commerce de Lyon (février 1885). — Il sera fait beaucoup d'emprunts à cette excellente étude.

colons se rendent au Tonkin; il suffira que quelques hommes intelligents et actifs, capables de diriger les indigènes, de perfectionner les cultures, de créer des industries, aillent s'y établir. Ces hommes, s'ils possèdent des capitaux, feront en peu d'années de la vallée de Song-Koï une des riches provinces de l'Extrême Orient.

Mais si ce pays riche en lui-même est ainsi mis en valeur, s'il produit beaucoup, il consommera de même (1). Et une question se pose alors : Le Tonkin, que la France aura conquis au prix de lourds sacrifices, consommera-t-il des marchandises françaises ou des marchandises étrangères?

Il faut reconnaître que jusqu'ici les produits étrangers se sont vendus beaucoup plus que les produits français. En 1880, année de paix, M. de Kergaradec, résident de France à Hai-phong, estimait que les cotons anglais, filés ou tissés, constituaient environ 34 p. 100 de la valeur totale des importations; — l'opium, 21 p. 100; — les médecines chinoises, 11 p. 100; — le tabac, 9 p. 100; — le thé, 5 p. 100; — les articles divers, 20 p. 100. Les marchandises françaises étaient comprises sous cette dénomination « articles divers », pour une somme que les statistiques ne sauraient fixer, mais qui devait être bien faible (2). Depuis, les choses

---

(1) « Le Tonkinois se nourrit et s'habille mieux que le Cochinchinois, il consomme davantage, et les personnes qui, pour juger sa consommation, ont pris pour base celle de la Cochinchine, ont certainement fait un calcul inexact. » — Gustave Praire; rapport cité.

(2) Les chiffres de la douane de Hai-phong accusaient en 1880 un mouvement commercial de 13 millions (12,974,000 francs), soit 5,467,000 francs d'importations et 7,507,000 francs d'exportations. Mais en publiant cette statistique, M. de Kergaradec l'estimait inférieure à la réalité, évaluant la valeur réelle des échanges à 20 millions. — L'année suivante, les relations entre Hai-phong et Saïgon, — exportations et importations comprises, — ne s'élevaient pas à un million (948,000 francs). Dans ce chiffre les exportations de la Cochinchine au Tonkin n'étaient que de

ne se sont pas modifiées. M. Paul Brunat, dans son rapport à la Chambre de commerce de Lyon, énumère les principaux articles importés au Tonkin ; ce sont : les cotons filés venant de Manchester ou de Bombay (1), les cotonnades de Manchester, les mouchoirs d'Angleterre et d'Allemagne, les couvertures, les parapluies, les tissus de coton et de laine d'Angleterre, quelques tissus et des flanelles d'Allemagne, l'horlogerie des États-Unis, les métaux d'Angleterre et de Suède... La France n'importe, — par la voie de Saïgon ou directement, — que des liquides, des conserves, des allumettes et quelques articles de mercerie ou de quincaillerie.

Cette situation est, on le voit, peu brillante. Si rien ne venait la modifier, il en serait bien vite au Tonkin comme il en est en Cochinchine. Cette province, conquise par la France, administrée par elle, deviendrait un riche marché pour l'étranger, tandis que nos négociants ne parviendraient à y vendre que quelques rares produits. Mais le gouvernement qui voit dans la conquête du Tonkin et la conclusion d'un traité avec la Chine l'occasion « d'ouvrir au commerce français de nouveaux débouchés », a songé depuis longtemps déjà à favoriser ou mieux à *protéger* le commerce français dans l'Indo-Chine, par l'établissement d'un tarif douanier qui doit réunir en une sorte d'« Union douanière » la Cochinchine, le Cambodge, l'Annam et le Tonkin (2).

102,000 francs, et ces 102,000 francs ne représentaient pas uniquement des marchandises françaises !

(1) Les Annamites achètent des fils de coton qu'ils tissent sur des métiers indigènes, puis teignent suivant les procédés de leur pays. — Les filés ou les cotonnades de Bombay fabriqués avec du coton de l'Inde font concurrence depuis quelques années à certains tissus de Manchester sur les marchés de l'Extrême Orient.

(2) Il n'existe jusqu'ici aucun tarif douanier en Cochinchine. Toutes les marchandises entrent librement, si l'on excepte les alcools, la poudre et les armes. C'est ce qui explique comment les produits étrangers, et notamment les cotonnades anglaises, peuvent envahir le

Lorsque l'on a défendu dans les premières pages de ce volume les dispositions libérales du sénatus-consulte de 1866, on a ajouté que si le principe de la liberté commerciale devait être respecté dans nos anciennes colonies, on pouvait en revanche ne pas réclamer son application immédiate dans une colonie toute nouvelle peuplée non de Français, mais d'indigènes devenus sujets français.

On n'hésite donc pas à reconnaître que le gouvernement a le droit, éclairé par l'expérience de ce qui se passe en Cochinchine depuis la conquête, d'établir un tarif douanier dans nos possessions et nos protectorats de l'Indo-Chine. Ces pays, peuplés de plus de 15 millions de consommateurs, voisins des provinces laotiennes et de la Chine méridionale, deviendront un marché considérable pour les produits européens. Ne devons-nous pas tenter d'y assurer une large place à l'industrie française?

Mais on ne saurait adopter pour atteindre ce résultat un tarif prohibitif ou différentiel. Frapper les marchandises étrangères de droits tels que toute concurrence leur soit rendue impossible, ou de droits plus élevés que ceux atteignant les produits similaires français, serait d'une mauvaise politique. On ruinerait la colonie au lieu de développer son commerce, comme furent ruinées les colonies espagnoles au siècle dernier, ou l'on exposerait les marchandises françaises à des mesures douanières de représailles dans les colonies anglaises et allemandes.

C'est pour cette raison que le projet d'« Union douanière Indo-chinoise », qui a été préparé par l'administration des colonies et soumis par elle au Conseil supérieur, a rencon-

marché. — On s'est ému du reste à Saïgon de cette situation si désavantageuse pour l'industrie française, et une assemblée formée de conseillers généraux, de conseillers municipaux et de membres de la Chambre de commerce a adressé, il y a plus de trois ans, au ministre des colonies un vœu tendant à l'établissement d'un tarif douanier en Cochinchine.

tré peu de faveur dans l'opinion. Ce projet contient des droits à la fois prohibitifs pour certaines marchandises étrangères, — tant ils sont élevés, — et différentiels en faveur des marchandises nationales, puisqu'une « détaxe » de 75 p. 100 est assurée aux produits français. Les journaux ont, du reste, annoncé que ce projet, mal accueilli et modifié par le conseil colonial de la Cochinchine, à qui il avait été communiqué, a été repoussé en France par le ministère du commerce. Celui-ci en aurait conseillé l'abandon à l'administration des colonies en lui proposant d'y substituer un tarif qui serait établi en combinant les dispositions du tarif général et du tarif conventionnel français.

Il semble qu'on ne saurait adopter un meilleur système : il faut considérer les provinces françaises de l'Indo-Chine comme des départements français, comme un prolongement de notre pays dans l'Extrême-Orient. Ainsi les produits français entreront en franchise de droits et les produits étrangers seront soumis à un tarif spécial.

Ce tarif présenterait le double avantage d'assurer une protection suffisante au commerce français et de ne contenir aucune taxe ayant une apparence vexatoire pour les nations étrangères.

Son établissement ne constituerait pas d'ailleurs une innovation dans notre régime douanier : On sait que les produits français entrent en franchise en Algérie, sauf quelques exceptions, tandis que les marchandises étrangères sont soumises aux mêmes droits que si elles étaient importées en France (1).

(1) Loi du 30 décembre 1884. — Elle a remplacé la loi du 17 juillet 1867 sur le régime douanier de l'Algérie en vertu de laquelle : 1° les produits français entraient en franchise en Algérie, sauf quelques exceptions ; — 2° les marchandises étrangères acquittaient des droits moins élevés qu'à leur entrée en France.
Dans le tarif préparé par l'administration des colonies, les bois de construction, les briques, les tuiles, le ciment, les fers en barre,

Il faut ajouter que les industriels français, qui demandent au gouvernement de prendre des mesures douanières pour assurer à leurs produits un large débouché dans l'Indo-Chine, se déclareraient très satisfaits si l'on y promulguait un tarif douanier établi d'après les principes qui viennent d'être indiqués (1).

Ainsi protégés, nos industriels pourront entreprendre la lutte. Le gouvernement ayant fait en leur faveur tout ce qu'il lui est possible de faire, ils devront de leur côté ne rien épargner pour distancer leurs concurrents.

Il ressort, du reste, du Rapport de M. Gustave Praire que l'industrie française est en état de fournir dès maintenant certains articles à des conditions aussi avantageuses que l'industrie étrangère, notamment les bougies, la verrerie commune, les couvertures ordinaires en laine rouge, les horloges, etc. La vente de plusieurs autres articles, tels que les draps, les parapluies, les lampes à pétrole, sera sans doute rendue possible par l'établissement du tarif douanier.

Ce sont peut-être les manufacturiers rouennais, filateurs et tisseurs, qui auront à faire les plus grands efforts. On a déjà dit, en effet, qu'ils n'ont jamais essayé jusqu'ici la fabri-

---

les rails, les machines à vapeur, toutes choses dont il est si nécessaire de faciliter l'entrée à bon marché dans une colonie neuve pour assurer son prompt développement, sont frappés de droits très élevés. Ainsi les briques paient 3 francs le mille, — elles ne paient qu'un franc en France, — les rails et machines 6 francs, 10 francs, 15 francs, 20 francs les 100 kilogrammes.

(1) La Chambre de commerce de Rouen, dont les sentiments protectionnistes sont bien connus et qui est parmi les plus intéressées dans le règlement de la question douanière de l'Indo-Chine, — puisque les premiers objets d'échange dans l'Extrême Orient sont les filés de coton et les cotonnades, — vient de demander dans un travail récent l'application du tarif général de 1881 qui lui paraît nécessaire pour ouvrir à nos produits l'accès des marchés indo-chinois.

cation de ces étoffes de coton de qualité mauvaise ou médiocre qui sont produites à Manchester en quantités considérables et vendues sur tous les marchés d'Afrique et d'Asie pour un prix excessivement bas. Or, ces cotonnades étant l'objet d'échange le plus demandé par les indigènes, il y a une grande importance à le leur fournir. Si les filateurs français parviennent, grâce à la « protection » dont ils bénéficieront, à substituer leurs cotonnades aux cotonnades anglaises, ils sont assurés de trouver rapidement dans nos provinces indo-chinoises des débouchés considérables et des bénéfices importants.

Il n'est pas douteux que de leur côté les maisons françaises d'importation et d'exportation établies au Tonkin devront faire, aussi, de sérieux efforts pour rivaliser avec les maisons anglaises et allemandes (1), de Singapour, de Hong-Kong et de Shangaï, si solidement établies dans tout l'Extrême Orient où elles s'appuient sur des banques de premier ordre. Elles devront renoncer à une certaine routine, à une certaine timidité qu'elles ont jusqu'ici conservées pour adopter les usages commerciaux de leurs concurrents et profiter de leur expérience : les grandes maisons anglaises ne craignent pas d'opérer sur des quantités considérables ; leur principal souci est de ne conserver en magasin que pendant un temps très court les marchandises venues d'Europe ; elles les écoulent à bas prix, persuadées qu'elles trouveront dans leurs comptes de fin d'année un bénéfice important grâce au grand nombre d'affaires qu'elles auront traitées (2).

On peut d'ailleurs constater avec une certaine satisfaction que nos troupes ont été suivies depuis deux ans dans la

---

(1) Depuis trois ou quatre ans les Allemands font dans l'Extrême Orient des efforts considérables qui ne sont pas sans inquiéter les plus grosses maisons anglaises.

(2) M. Paul Bourde écrit dans ses très intéressantes et très remar-

vallée du fleuve Rouge par des maisons sérieuses qui ont déjà fondé des comptoirs dans notre nouvelle colonie avec le dessein manifeste de s'y établir à demeure et sur des bases solides. Les principales sont : Ulysse Pila et Cie, de Lyon — avec succursale à Londres, (Hanoï et Hai-phong), — Guieu frères (Shanghaï et Hai-phong), — Bourgoin-Meiffre, (Paris, Hanoï et Hai-phong), — Denis frères, une des grosses maisons de Cochinchine (Hanoï et Hai-phong) ; — enfin « la Compagnie Française du Tonkin et de l'Indo-Chine », fondée à Paris il y a près de deux ans, au capital de 1,500,000 francs. Elle a formé une société en participa-

quables lettres sur « les Français au dehors » (voir *le Temps :* « Du Tonkin à Paris », numéros du 21, du 23 et du 24 septembre 1884) :

« La timidité en affaires (des Français) est un trait national... Avec un sens élevé de la réalité, les Anglais aiment à garder leurs marchandises en magasin le moins longtemps possible. Un gain restreint, mais répété sur de grandes quantités, est beaucoup plus avantageux qu'un gain plus fort sur des quantités moindres. Certains genres d'opérations sont même fondés sur la promptitude de la vente. Les cotonnades, l'article dans lequel les Anglais sont sans rivaux, s'écoulent de la façon suivante : Le fabricant expédie à son correspondant des quantités déterminées suivant la saison par chaque courrier. Il n'attend pas la commande. Aussitôt fabriquée, la marchandise part, et aussitôt arrivée, elle est mise en vente et vendue coûte que coûte. On perdra au besoin sur un envoi pour ne rien garder ; on espère se rattraper sur un autre. Le compte se règle à la fin de l'année, et c'est seulement alors que les résultats exacts des opérations sont connus. On supprime de cette façon des frais de magasinage et d'assurances qui deviennent rapidement très considérables pour les articles de bas prix. Comment les cotonnades françaises pourraient-elles entrer en concurrence dans des conditions pareilles ? Le prix de revient à la fabrique en est déjà plus élevé, et avec nos habitudes commerciales on observe toutes les fluctuations des cours pour arrêter les ventes dès qu'ils baissent et ne les reprendre que lorsqu'ils deviennent rémunérateurs. En six mois le concurrent anglais aura renouvelé six fois sa marchandise, tandis que le français aura conservé la sienne qui se trouvera ainsi grevée de six fois plus de frais. Pourvu que ses frais de fabrication, intérêt du capital engagé compris, soient couverts, l'usinier anglais juge les affaires bonnes. Son usine marche, et, résultat d'une grande importance, il maintient sa situation entière sur le marché ; il est prêt à bénéficier de la moindre hausse. »

tion avec le Creuzot et la maison Hersent pour les entreprises de travaux publics au Tonkin, et organisé de concert avec la maison Russel (américaine) de Hong-Kong une ligne hebdomadaire de steamers entre ce port et Hai-phong.

A côté de ces sociétés françaises sont deux importantes maisons allemandes : Speidel (Saïgon et Hai-phong), Schrœderer (Hai-phong), ainsi que plusieurs maisons chinoises, puis deux grands établissements financiers : la « Banque de l'Indo-Chine » et la « Hong-Kong-Shang-Hai Banking Corporation ».

Ces débuts du commerce français, plus osé qu'il n'a été souvent dans d'autres colonies, donnent une certaine foi dans l'avenir. Il est permis d'espérer que le pays conquis, pacifié, organisé, protégé par un tarif douanier, de solides maisons françaises sauront s'y faire une large place. Elles devront monter à Hai-phong, à Hanoï, puis à Ninh-Binh, des maisons de gros toujours fournies de marchandises (car le commerce de commission ne saurait réussir au Tonkin) dans lesquelles le détaillant chinois viendra s'approvisionner. C'est lui, en effet, qui peut seul vulgariser l'emploi des produits européens : la facilité avec laquelle il pénètre dans l'intérieur lui permet de faire arriver nos articles dans des villages où nous ne pourrions les porter nous-mêmes.

On a vu que de grosses maisons de Marseille et de Bordeaux possédant un capital de 10, de 15 ou de 25 millions, prenaient une part très importante dans le commerce des côtes occidentale et orientale d'Afrique. Il faut que de pareilles maisons s'installent au Tonkin : elles y importeront des marchandises françaises et aussi des marchandises étrangères, car nos fabricants ne pourront lutter avec leurs rivaux sur certains articles; elles exporteront les produits indigènes dans les pays où ils seront demandés. Il n'est pas douteux que tout ce mouvement d'affaires n'aura pas lieu exclusivement entre la métropole et sa colonie : les populations de race jaune du Tonkin entretiendront toujours de nombreuses relations avec la Chine ; des articles anglais, allemands et chinois seront importés à côté des articles français ; — mais si toutes ces opérations sont faites par des Sociétés françaises, ce seront des négociants et des actionnaires français qui en recueilleront les bénéfices (1).

Ce n'est pas seulement dans des sociétés de commerce que nos capitalistes et nos rentiers pourront engager leurs ca-

(1) « En somme, ce n'est pas le Français, comme on le répète trop, c'est le capital français qui n'émigre pas et ne voyage pas. Nous avons des noyaux de colonies sur toute la route de l'Extrême-Orient. Il y a 14,000 Français en Égypte. Il y a plusieurs entreprises françaises à Aden. Saïgon est une possession française, le Tonkin aussi. A Shanghaï, à Yokohama, les Français ont été, pendant quelques années, la nation la plus florissante après les Anglais, et ils y sont encore relativement nombreux. Parmi tous ces groupes, je le répète, on trouverait des hommes aussi capables de grandes gestions que les Anglais enrichis par l'Extrême-Orient. J'y ai vu pour ma part plusieurs de ces négociants dont je parlais plus haut qui, partis de rien, se sont créé une situation honorable.

« Si le capital français ne s'enhardit pas, je doute que tout ce qu'on fera pour le développement de notre commerce extérieur serve jamais de rien. Le vice radical, la grande cause de décadence de ce commerce, c'est qu'il n'est pas fait par des Français. Ce n'est pas seulement parce qu'elles fabriquent à bon marché que l'Angleterre et l'Allemagne inondent les marchés du monde de leurs produits, c'est aussi parce qu'elles ont partout des nationaux pour les écouler. Croire que le commerce français peut croître entre les mains d'intermédiaires étrangers, c'est croire au concours de gens qui ne sont pas même des indifférents, mais qui sont des adversaires. Vous laissez vendre vos marchandises par des étrangers ; imprudents, comment vous étonnez-vous ensuite qu'un jour ils les contrefassent chez eux et ne vous en demandent plus ? Ce n'est pas la fortune seule des Français qui vont à l'étranger qui est en question ici ; il ne s'agit pas seulement d'un si mince intérêt ; il s'agit de la prospérité de notre industrie : à prix égaux, un vendeur débite des produits de son pays ; il s'agit du sort de notre marine : à tarifs égaux, un commerçant préfère des navires de sa nationalité. Il s'agit de la moitié de la fortune même de la France. » (Paul Bourde, *Du Tonkin à Paris*.)

pitaux. Il faudra au Tonkin entreprendre de grands travaux publics, construire des chemins de fer, organiser une compagnie de navigation fluviale. Ce sont là des œuvres urgentes auxquelles la colonie devra accorder des garanties d'intérêt ou des subventions. Puis, des hommes entreprenants ne voudront-ils pas exploiter les mines ou les forêts, actionner et développer les cultures indigènes, (mûrier, canne, indigo, coton)... établir des décortiqueries et des distilleries pour les riz?

Enfin on peut dès maintenant prévoir au Tonkin une troisième phase, celle de l'industrie proprement dite. Dans ces dernières années quelques négociants américains et européens ont fondé à Hong-Kong, à Shangaï, des manufactures où ils fabriquent les produits demandés par les Asiatiques. On peut donc penser que dans un avenir peut-être peu éloigné des ingénieurs voudront installer dans la vallée du fleuve Rouge des industries qui, prenant à côté d'elles la matière première, la façonneraient pour la consommation indigène. Ainsi le Tonkin produit le coton et la soie, et ses habitants font une très grande consommation de tissus de coton et de soie. Pourquoi ne fonderait-on pas des ateliers de filature, de moulinage, de tissage dans lesquels seraient employés des Tonkinois sous la direction de contre-maîtres français? A Bombay et à Madras ont été installées de grandes manufactures dans lesquelles on fabrique des filés de coton et des tissus qui se vendent non seulement dans l'Inde, mais aussi sur les places de Singapore et de Hong-Kong (1). Peut-être serait-il également possible d'introduire l'industrie sucrière dans la vallée du Song-Koï, si

---

(1) M. Gustave Praire écrit : « Pour les cotonnades, si l'industrie française ne peut arriver à les fournir en les fabriquant en France, il est pour elle un moyen fort simple de résoudre le problème : que des filateurs aillent s'installer dans les provinces cotonnières du Tonkin et qu'ils s'outillent en même temps de façon à faire le tissage. Cette industrie ne peut manquer de prospérer, car elle trouvera

ses produits étaient assurés d'une forte « demande » dans le Céleste Empire.

En exposant cet avenir, qui paraît être réservé à notre colonie du Tonkin, sera-t-on accusé par certains esprits d'un optimisme exagéré ? Pour répondre par avance à cette accusation : en premier lieu on n'hésite pas à reconnaître qu'il faudra plus d'un jour pour que le port de Hai-phong devienne un des principaux marchés de l'Extrême-Orient, et pour que de grands établissements industriels s'élèvent dans la vallée du Song-Koï. Beaucoup d'années, beaucoup d'efforts intelligents, beaucoup de capitaux seront nécessaires. L'œuvre est de longue haleine. Commencée au lendemain de la pacification, elle se poursuivra dans le siècle prochain.
— En second lieu on doit se garder d'affirmer que tous les bénéfices de ce développement reviendront à nos industriels, à nos commerçants et à nos capitalistes. Ce que l'on a voulu dire, c'est que ceux-ci se trouveront au Tonkin, — sur une terre française, avec les avantages d'un tarif douanier, le bénéfice de certaines concessions ou monopoles, — dans une situation très privilégiée. Mais il faudra qu'ils sachent en profiter et ne se laissent pas devancer par les commerçants ou les capitalistes étrangers, si puissamment établis déjà dans l'Extrême-Orient.

Ce qui semble certain dès aujourd'hui, c'est que le Tonkin, voie de transit et terre fertile produisant des *produits riches*, ne saurait rester en dehors du grand mouvement com-

---

dans le pays tous les éléments nécessaires à son succès : matière première à pied d'œuvre ; — main-d'œuvre abondante et à bon marché ; — combustible (bois) pour presque rien, et enfin un nombre énorme de consommateurs.

« Une affaire de ce genre peut compter sur le succès le plus complet, surtout si elle fait elle-même la culture de son coton pour ne pas être à la discrétion du cultivateur annamite qui ne manquerait pas d'élever ses prix. »

mercial et industriel que les esprits réfléchis prévoient en Chine pour le siècle prochain. Cet immense empire, peuplé de plus de 350 millions d'habitants, immobile depuis des siècles, consent enfin, peut-être parce qu'il y est forcé, à s'ouvrir à l'activité européenne, à sa civilisation et à ses progrès. Déjà il achète à l'Europe des armes et des navires, cherche sur ses marchés les capitaux qui lui sont nécessaires pour construire des forts ou des voies ferrées. Dans un jour que l'on peut dès maintenant prévoir, les villes de l'intérieur s'ouvriront devant les négociants européens jusqu'ici renfermés dans « les ports à traités ». Ce jour-là, quelles entreprises de tout genre, commerciales, industrielles, maritimes, ne solliciteront pas les ingénieurs et les capitalistes du vieux monde dans un pays extrêmement riche en métaux, en sel et en charbon, où la population est dense, laborieuse, économe et la main-d'œuvre à bas prix? Faut-il ajouter que l'Europe et les États-Unis, presque complètement outillés, sillonnés de voies ferrées, riches et prospères, n'auront bientôt plus un emploi suffisant de leurs inestimables capitaux? Le prix de l'argent a déjà baissé en Europe, il sera plus bas encore dans 25 et dans 50 ans ; ainsi les capitalistes se trouveront conduits à exporter leur argent dans des pays nouveaux où, tout étant à créer, les capitaux seront activement recherchés et partant assurés d'un bon rapport.

Mais ceci est l'avenir, — la prévision de ce que verront nos enfants au xxe siècle. Si l'on veut rentrer dans le cadre de cet ouvrage, et rechercher ce qu'il faut attendre du Tonkin dans ces prochaines années, on doit se garder d'un enthousiasme irréfléchi. Le pays pacifié, il faudra d'abord que les indigènes reconstruisent leurs villes et leurs villages, retournent à leurs champs abandonnés. On ne doit pas attendre non plus qu'un mouvement commercial d'une grande importance s'établisse dès le premier jour entre le Yun-nan et les entrepôts d'Hanoï et d'Hai-phong : il sera subordonné à l'occupation militaire du haut pays par nos troupes. Enfin, il faut prévoir que les capitaux arriveront seulement peu à peu, et que l'exploitation des richesses du pays en nécessite de considérables.

Toutefois il est permis, sans être suspecté d'exagération, de compter sur un commerce total de 300 millions, dix ans après la pacification complète du pays.

On a dit plus haut que le riz pourra fournir assez rapidement une exportation de 10 à 12 millions de piculs, puis, dans quelques années, une exportation de 20 millions, ce qui représente, à 6 fr. 25 le picul, de 60 à 120 millions de francs ; — la soie de son côté devra donner facilement 10,000 piculs, représentant, à un prix minimum de 2,000 francs le picul ou 35 fr. 33 le kilogramme, 20 millions de francs (1) ; — si à ces deux produits importants on ajoute ceux des mines du Tonkin et de Yun-nan, des forêts, des champs plantés en canne, en coton, en thé... il ne paraît pas exagéré de prévoir dans un avenir assez prochain un chiffre d'exportation minimum de 150 millions de francs.

Quant à l'importation, on peut admettre que son importance croîtra avec l'augmentation des ressources du pays, et qu'elle arrivera à balancer l'exportation. Si, d'autre part, on remarque qu'après vingt-cinq ans de conquête, la Cochinchine, beaucoup moins riche que la vallée de Song-Koï et dont la population n'atteint pas 2 millions d'âmes, importe 60 millions de produits, on peut estimer que le Tonkin, plus fertile, peuplé de 10 millions d'âmes, voie de transit des provinces méridionales de la Chine, arrivera facilement, après dix ans de paix et de travail, à demander au dehors pour une somme minimum de 150 millions de marchandises (2).

(1) *Exploration commerciale du Tonkin.* — M. Paul Brunat.
(2) Le mouvement total du commerce dans ces dernières années

On dira pour conclure que le Tonkin, comme tous les pays du monde, ne consommera qu'autant qu'il produira, c'est-à-dire qu'il ne pourra affecter au payement des marchandises importées que les sommes qui lui auront été payées pour l'achat de ses matières premières. C'est donc à développer son commerce d'exportation et à en faire un pays producteur que l'on doit tendre tout d'abord, parce que l'on augmentera ainsi sa puissance d'achat. De son côté, que l'industrie nationale fasse les plus grands efforts si elle veut s'assurer une large place dans le commerce d'importation !

Une dernière question reste à examiner : notre colonie nouvelle, définitivement conquise, pacifiée, organisée, sera-t-elle une charge pour le budget métropolitain, ou au contraire pourra-t-elle se suffire à elle-même ?

C'est là une question trop délicate pour qu'il soit possible d'y répondre dès maintenant : alors surtout que l'on a devant soi de nombreux « inconnus » : le gouvernement est-il résolu à occuper le Tonkin tout entier, à mettre des garnisons dans les villes frontières de Lang-Son, Caobang et Lao-Kay ? ou bien a-t-il l'intention de ne pas prendre possession d'abord du haut pays et de constituer ainsi une sorte de « zone neutre » entre la Chine et la partie du Tonkin véritablement occupée ? Quelles troupes et quelle

---

ne saurait fournir d'indications utiles. On a dit que M. de Kergaradec estimait qu'il s'était élevé en 1880, en tenant compte de la contrebande, à 20 millions. Depuis il a certainement diminué. Les chiffres de 1883 n'accusent que 4,169,000 francs d'importations et 5,307,000 francs d'exportations. Mais, en 1880, sous l'administration annamite, le commerce était soumis à mille vexations, de nombreux péages étaient établis sur tous les arroyos ; enfin la Chine et les Pavillons-Noirs entravaient les échanges au-dessus de Hanoï. En 1883 les hostilités ont commencé et dès lors le pays a été profondément troublé.

flottille sera-t-il nécessaire d'entretenir pendant les premières années qui suivront la pacification du pays ? l'organisation projetée de notre protectorat exigera-t-elle de nombreux fonctionnaires européens? serons-nous obligés de prélever sur les ressources du Tonkin une part pour la cour de Hué, comme le prévoit l'article 11 du traité du 6 juin 1884 ?

Une seule chose est dès maintenant certaine : c'est que les recettes du Tonkin seront faibles dans les premières années, et cela pour de nombreuses raisons : l'indigène ruiné, ou tout au moins appauvri par trois ou quatre années de guerre, ne pourra acquitter d'abord que de faibles impôts. Ces impôts, il en payera une partie au moins en nature, suivant le système annamite, car l'administration du Protectorat ne saurait exiger le paiement intégral de l'impôt en argent dès le début de l'occupation. Et peut-on dire ce que vaudra la part de cet impôt payé en « mesures de riz » ?

D'un autre côté, le Tonkinois, — même heureux de vivre en paix, de n'être plus vexé, volé, par des mandarins, — ne paiera pas l'impôt « d'enthousiasme ». L'impôt ne rentre que quand il est surveillé, perçu par des agents nombreux, dévoués, soutenus par une administration forte, à la surveillance de laquelle il n'est pas possible de se dérober. Or, il n'y aura rien de semblable au Tonkin. Entre des résidents peu nombreux, ayant à contrôler une étendue de pays, une « résidence » fort étendue avec un personnel européen extrêmement restreint et les contribuables tonkinois, sera une administration indigène, composée de mandarins dans lesquels on ne pourra jamais avoir une confiance absolue. Si nos troupes n'occupent au Tonkin que douze à quinze villes, l'impôt rentrera difficilement. Peut-être sera-t-il payé régulièrement dans le delta où se concentreront nos efforts, mais il n'en sera pas de même dans le haut pays, moins surveillé. Si les impôts rentrent aujourd'hui en Cochinchine, c'est que le gouvernement y a peu à peu organisé une administration nombreuse, constituée à l'européenne, qui tient tout le pays : géomètres chargés du cadastre, percepteurs, receveurs, etc.

A côté des impôts directs, — foncier et personnel, — sont les impôts indirects. Le plus important est l'impôt sur l'opium ; sans doute le gouvernement préférera adopter au Tonkin le système de la « régie » en vigueur en Cochinchine à celui de la « ferme ». Mais croit-on que la régie sera dès le lendemain de son organisation une source importante de recettes ? Ce serait une erreur. D'abord il ne sera pas possible au début d'étendre la régie sur tout le Tonkin ; puis il convient de prévoir une contrebande active et difficile à prévenir. On peut, en effet, sous un faible volume, introduire des quantités considérables d'opium, — et les postes de la régie ou de la douane ne seront pas assez nombreux pour fermer toutes les routes.

Il faut prévoir aussi que beaucoup de Chinois échapperont deux ou trois ans peut-être à « l'impôt de capitation sur les Asiatiques étrangers ».

Dans ces premières années où les impôts directs et indirects rentreront mal ou rapporteront peu, ce seront assurément les douanes qui fourniront à la colonie la meilleure partie de ses recettes. Il existe déjà au Tonkin un « service des douanes » qui perçoit sur toutes les marchandises importées ou exportées les droits établis par le traité de commerce du 31 août 1874 entre la France et l'Annam (1).

D'ici peu de mois, l'administration des colonies aura promulgué par décret, pour remplacer les dispositions doua-

(1) L'article 2 du traité frappe toutes les marchandises importées ou exportées, à l'exception de trois ou quatre, d'un droit de 5 p. 100 à la valeur.

nières trop simples du traité de 1874, soit le projet d'« Union douanière Indo-Chinoise » qu'elle a préparé, soit un tarif spécial. Ce tarif douanier, quel qu'il soit, assurera des ressources au trésor local. En outre on établira certainement au Tonkin un droit de sortie sur les riz, à l'imitation de ce qui existe en Cochinchine. Ce sera un autre élément de recettes importantes.

Il résulte de tout ce qui vient d'être dit que, les bandes dispersées et l'ordre rétabli, il ne faut point espérer que le Tonkin donne plus de 8 à 12 millions pendant les quatre ou cinq premières années du « Protectorat ». Ce seront de modestes recettes pour un pays d'une étendue considérable et d'une population de 10 millions d'âmes! On a dit les raisons pour lesquelles il était sage de les prévoir, mais il faut ajouter aussi qu'après la première période d'établissement et de tâtonnement, les recettes s'élèveront d'une façon sensible, d'année en année. Tout permet, en effet, d'espérer, ainsi qu'on l'a montré plus haut, un développement assez rapide des ressources et de la richesse du pays : assurés de la paix, désireux de se procurer des marchandises européennes, les indigènes augmenteront leur production, perfectionneront leurs cultures; le mouvement des échanges accroîtra la richesse de chacun, et ainsi il sera possible aux fonctionnaires du Protectorat, — qui auront appris en Cochinchine à administrer un pays annamite, — de mieux asseoir les impôts sur la population, de les élever progressivement, d'en assurer la perception et la rentrée. En même temps, l'impôt de « capitation (1) », le droit de sortie sur les riz (2) et les taxes douanières perçues sur les mar-

(1) L'impôt de « capitation » perçu en Cochinchine est très élevé. Il est porté en 1884 pour une somme de plus de 1 million. Il y a peut-être déjà 20 à 25,000 Célestes au Tonkin, et ils viendront en grand nombre lorsque l'ordre sera établi.

(2) Au budget local de la Cochinchine pour 1884, le produit du droit de sortie sur les riz est évalué à 4,197.000 francs.

chandises entrant au Tonkin par voie de mer ou voie de terre (1), rendront des sommes plus importantes.

Un rapide examen de la situation financière à laquelle est parvenue la Cochinchine, après une domination de vingt-cinq années à peine, fera du reste prévoir ce que l'on peut espérer du Tonkin, pays plus riche, plus étendu et plus peuplé, lorsque le système d'impôts et l'organisation administrative établis aujourd'hui dans les provinces arrosées par le Mékong auront été peu à peu assis dans la vallée du Song-Koï.

Le budget de la Cochinchine pour l'exercice 1884 évaluait les recettes totales, — impôts, produits des forêts et domaines, revenus divers, — à 23 millions de francs. On n'a pas oublié que la population de cette colonie est de 1,690,000 habitants; c'est donc une moyenne par tête de 13 fr. 60 (2).

Les *contributions directes* comprennent : l'impôt foncier « des centres » payé dans les principales villes; — l'impôt foncier des salines; — l'impôt foncier « des villages » ou impôt sur les rizières et les cultures diverses (les terrains sont divisés en trois classes); — l'impôt personnel des indigènes acquitté par les « inscrits » de chaque village suivant « la capacité »; — l'impôt des barques de mer et de rivière; — l'impôt des patentes; — l'impôt de « capitation des Asiatiques étrangers » (on sait qu'il y a dans la colonie de 50 à 60,000 Chinois).

Les *impôts et revenus indirects* sont au nombre d'une

---

(1) Le traité de commerce qui doit être signé avec la Chine frappera sans doute de droits d'importation les produits chinois qui entreront au Tonkin par les frontières de terre (Yun-nan, — Kuang-Si et Kuang-Tong).

(2) On ne veut pas dire naturellement par là que chaque Annamite paye 13 fr. 60 d'*impôts*, puisque dans le chiffre de 23 millions de recettes est compris le produit des forêts, des domaines et autres revenus qui ne sont pas l'*impôt*.

quinzaine environ. Les principaux : droits d'enregistrement et d'hypothèques ; — droits sur l'opium (la régie directe a été substituée à la ferme) ; — droits sur la fabrication des alcools de riz ; — droits de sortie sur les riz.

Enfin les *revenus domaniaux* proviennent surtout de la vente des terrains appartenant à la colonie et de l'exploitation des forêts.

Grâce aux ressources que lui assure ce système fiscal qui ne paraît pas être trop lourd, la Cochinchine est la plus riche de nos colonies. Si l'on excepte le traitement du gouverneur elle paie toutes ses dépenses civiles : administration, — justice, — culte, — instruction publique, — trésorerie, — contributions directes et indirectes, — travaux publics, — postes et télégraphes, etc. En outre elle entretient chez elle deux régiments de « tirailleurs annamites » et paye une « subvention » annuelle de 2 millions à la métropole. Il reste au budget de celle-ci, avec le traitement du gouverneur, la solde et l'entretien du corps d'occupation et de la flottille, les dépenses du service régulier des « transports » et quelques autres. C'est une charge annuelle d'environ 9 millions et demi réduite à 7 et demi par le fait du paiement de la subvention de 2 millions (1).

---

(1) Les dépenses supportées par le budget de l'État en Cochinchine sont les suivantes pour l'exercice 1885 :

Dépenses inscrites au budget colonial :

Traitement du gouverneur, personnel des services militaires aux colonies, vivres, hôpitaux, matériel des services militaires........................	3,238,595 fr.

Dépenses inscrites au budget marine :

Station locale de la Cochinchine, personnel et matériel..	1,747,868
Entretien..	877,647
Transports réguliers pour le service de la Cochinchine.......................................	2,957,925

Si on voulait discuter le budget de la Cochinchine, on pourrait tirer de ces chiffres cette opinion que la colonie impose encore des charges trop lourdes au budget métropolitain. Mais on a exposé ici l'état des recettes et des dépenses de notre possession de l'Extrême-Orient dans le seul but de rechercher l'avenir financier que l'on peut prédire à notre Protectorat du Tonkin.

Cet avenir, il ne viendra certainement à la pensée de personne de vouloir le démontrer comme on démontre un théorème. On connaît trop peu les projets d'organisation et d'occupation du gouvernement et il est trop nécessaire de faire une part à l'imprévu. Toutefois, si l'on veut remarquer que nos six provinces de la Cochinchine, après une occupation de 25 ans, et sans qu'il y soit perçu de droits de douanes, ont un budget des recettes de 23 millions, il ne paraîtra pas exagéré de prévoir que le Tonkin, après ce qui a été dit sur son étendue, sa population et sa richesse, rendra environ 40 ou 50 millions dans une douzaine d'années et lorsque son commerce atteindra 300 millions.

Avec un chiffre de 40 à 50 millions de recettes le Tonkin *pourra et devra* suffire à toutes ses dépenses : administration et justice (ces dépenses sont toujours moins lourdes dans un pays « protégé » que dans un pays « annexé »), culte, trésorerie, services des contributions directes et indi-

Entretien des officiers d'infanterie, d'artillerie, du corps de santé, des ingénieurs de la marine..	168,377
Troupes de la marine (environ)	500,000
Inspection permanente des services administratifs et financiers	38.000
Total	9,528,412 fr.

On ne croit pas devoir inscrire au compte de la colonie les dépenses nécessitées par la construction d'un bassin de radoub à Saïgon, évaluées à 8 millions et inscrites au « budget marine » de 1885 pour 3 millions. C'est là une dépense navale qui semble devoir rester en tous les cas à la charge du budget métropolitain.

rectes et des douanes, postes et télégraphes, travaux publics, instruction publique, etc. Ce sera aussi à lui et non à la France qu'incombera la charge d'assurer une garantie d'intérêt à la compagnie qui entreprendra la construction d'un chemin de fer dans la vallée du Song-Koï.

Mais, il faut aller plus loin et ajouter que pendant les premières années, alors que les recettes seront faibles, l'administration des colonies aura le devoir de ne rien demander à la métropole pour les services civils ou les travaux publics au Tonkin.

Il importe, en effet, que le Protectorat se suffise à lui-même dès ses débuts, maintenant ses dépenses au strict nécessaire et ne consacrant pas plus de trois ou quatre millions aux travaux publics, à moins qu'il puisse obtenir du conseil colonial de la Cochinchine des avances remboursables, que cette colonie est en mesure de prélever sur sa « caisse de réserve (1) ».

La France, — on aura l'occasion de le montrer plus loin, — dépense déjà pour ses colonies des sommes trop importantes ; il ne faut donc pas que l'acquisition du Tonkin ait pour effet d'ajouter à notre budget des charges nouvelles. La seule dépense que les Chambres devront consentir sera l'inscription au budget du ministère de la marine de la solde et de l'entretien du corps d'occupation et de la flottille. Encore cette inscription ne devra-t-elle être que temporaire.

A mesure que les ressources de notre colonie augmenteront, — et l'on peut prévoir que dans vingt à vingt-cinq ans elles atteindront 120 à 130 millions, — il conviendra d'ins-

(1) Le conseil colonial de la Cochinchine a récemment consenti une avance au royaume du Cambodge dans une situation analogue. — Au lendemain de la convention de Pnom-Penh le conseil a voté les crédits nécessaires pour assurer l'organisation du Protectorat ; ces dépenses doivent être remboursées au budget local de la Cochinchine sur les excédents à venir du Cambodge.

crire dans son budget toutes les dépenses de l'armée, de la flottille, des forts et des arsenaux. L'Inde, le Canada, l'Australie, ne sont l'occasion d'aucune dépense pour la Grande-Bretagne et suffisent elles-mêmes à tous leurs services ; — il faut qu'il en soit ainsi plus tard au Tonkin (1).

(1) Il peut être intéressant de rappeler ici à combien s'élèvent les crédits qui ont été votés jusqu'à ce jour pour l'expédition du Tonkin aux départements de la marine et des colonies et de la guerre : Lois : du 22 décembre 1883, 29,000,000 ; — du 19 août 1884, 38,363,874 ; — du 12 décembre ; 59,569,368 ; — du 1er avril 1885, 50,000,000 ; — du 8 avril 150,000,000, soit un total de 326,933,242 francs.

Il faut ajouter que le rapporteur général de la commission des Finances a eu l'occasion de déclarer dans la séance du Sénat du 29 juillet 1885, qu'à cette date il n'avait été ordonnancé que 54 millions sur la somme de 200 millions accordée par les lois du 1er et du 8 avril.

Quant aux dépenses à prévoir du fait de la détérioration de la flotte de l'Extrême-Orient, l'amiral Peyron, ancien ministre de la marine, les estime à 30 millions au maximum.

Il disait, en effet, dans la séance du Sénat du 16 juillet : « Il y a un autre point que je voudrais traiter pour terminer.

« On a beaucoup parlé des réparations de la flotte ; des hommes considérables comme MM. Clémenceau et Raoul Duval ont parlé de 2 ou 300 millions. Ce chiffre a été parfaitement rectifié par l'honorable M. Langlois et par les membres de la commission du budget. Notre flotte tout entière au Tonkin, estimée à sa valeur neuve, valait 98 millions, y compris tout un matériel d'armement et d'artillerie ; il y a déjà les trois vingtièmes de cette somme qui sont prévus au budget pour le renouvellement des coques et des machines. Par conséquent, en mettant encore un tiers, c'est-à-dire 30 millions, — et ce sont les chiffres donnés officiellement par le ministère de la marine, — vous arriveriez à remettre votre flotte dans un état meilleur qu'auparavant, parce que vous auriez remplacé des bâtiments en bois par des bâtiments nouveau modèle. »

XII

NOUVELLE-CALÉDONIE

La Nouvelle-Calédonie est une colonie agricole et minière. — Climat tempéré. — L'œuvre de la transportation. — Services qu'elle aurait pu rendre. — Les routes. — M. Pallu de la Barrière et son gouvernement. — Les « fermes modèles ». — Médiocres résultats obtenus à Bourail et à Koé. — Concessions de terre faites aux transportés. — Échec.

La colonisation libre. — Pourquoi elle ne s'est pas développée. — Exemple à suivre donné par les colonies australiennes. — Avantages offerts par l'administration aux colons venus de France. — 63 colons français arrivent en une année. — Plan de colonisation libre et pénale élaboré sous M. Pallu de la Barrière. — Les « réserves pénitentiaires » constituées par le décret du 16 août 1884 — Nécessité prochaine de la cessation de la transportation des forçats en Nouvelle-Calédonie.

Population. — Les mines exploitées. — L'industrie minière, son développement, son avenir. — L'élevage. — Mauvais produits obtenus. — Autres ressources de la colonie. — L'immigration néo-hébridaise. — Son utilité. — Erreur qu'a commise l'administration en l'interdisant.

Mouvement du commerce et de la navigation. — La colonie se développe — Ligne postale reliant Marseille à Nouméa. — Ses heureux effets. — Maisons françaises. — L'avenir de la colonie est dans les mains de l'administration.

La « Compagnie néo-calédonienne des Nouvelles-Hébrides ».

Cette colonie est loin d'être parvenue au degré de prospérité que lui promettent ses nombreux avantages naturels. Avec une superficie suffisante, puisqu'elle représente près de trois départements français, cette terre océanienne était assez riche pour devenir en peu d'années une colonie prospère. Son climat est chaud, et cependant assez tempéré pour que le travail y soit possible à l'Européen. Sur les sommets, on peut exploiter de magnifiques bois de construction; dans les vallées, planter la canne, le café, l'ananas; dans les plaines, élever de nombreux troupeaux; dans les entrailles de la terre enfin, exploiter des mines d'une grande richesse. Quoiqu'elle puisse produire les denrées coloniales, la Nouvelle-Calédonie n'est pas une colonie de plantation, mais bien plutôt une colonie agricole et minière; — agricole, parce qu'elle produit le bétail en quantités considérables; minière parce qu'elle doit s'adonner, si ce n'est exclusivement, du moins d'une manière particulière à l'exploitation de ses mines.

Bien employés, les transportés devaient être dans une pareille colonie des auxiliaires précieux. Malheureusement, depuis 1864, date du débarquement du premier convoi, ni l'administration centrale à Paris ni les gouverneurs à Nouméa n'ont su tirer parti de cette force que la loi pénale mettait à leur disposition.

Les hommes politiques et les économistes sont unanimes pour reconnaître que de tous les éléments nécessaires à la prospérité des colonies nouvelles, il en est un qui tient le premier rang : la préparation, c'est-à-dire, l'ensemble des travaux de défrichement, de terrassement, de routes, sans l'aide desquels les premiers immigrants sont livrés à la misère. Et dans quelle colonie les défrichements et les routes sont-ils nécessaires, si ce n'est dans une colonie minière? Comment les colons pourront-ils exploiter leurs mines, transporter leurs minerais jusqu'au rivage, s'ils n'ont un bon réseau de routes?

Cette difficulté que rencontre une colonie à ses débuts, de réunir les hommes de peine nécessaires pour défricher, arpenter, faire des routes, creuser des ports, la transportation, reglée par le décret de septembre 1863, pouvait l'éviter à la Nouvelle-Calédonie.

Mais l'administration pénitentiaire ne le comprit pas. Au lieu d'employer ces travailleurs qui lui arrivaient en grand nombre à la construction des routes et des ports elle les laissa oisifs dans des pénitenciers, ou les envoya dans des « fermes modèles »; en sorte que l'amiral Courbet constatait en 1882 qu'il y avait seulement 80 kilomètres de routes terminées dans toute la colonie. D'autres routes, — 150 kilomètres, — étaient en construction, mais l'amiral reconnaissait qu'elles n'étaient praticables que par le beau temps et aux voitures peu chargées! Voilà ce qui avait été fait en dix-huit ans de transportation avec 14,000 forçats envoyés de France!

Il faut ajouter, à la vérité, que le prédécesseur du gouverneur actuel, M. le capitaine de vaisseau Pallu de la Barrière, travailla pendant les deux années de son administration à réparer ces tristes errements. Il fit sortir les condamnés des pénitenciers et des « fermes modèles » pour les envoyer construire des routes sur différents points de la colonie. En six ans il espérait la doter d'un réseau complet. Ce plan est loin d'être achevé; toutefois les transportés ont ouvert 600 à 650 kilomètres de « routes muletières » et environ 60 kilomètres de « routes coloniales ». Le successeur de M. Pallu de la Barrière, M. Le Boucher, a fait rentrer beaucoup d'hommes dans les pénitenciers et les fermes; cependant la construction des routes n'est pas interrompue, et plusieurs sont en voie d'achèvement.

Si les transportés ont été peu employés jusqu'ici à l'ouverture des voies de communication, ils ne l'ont pas été davantage à la construction des édifices d'intérêt général ou du port de la ville de Nouméa. Tout est encore à faire : casernes, forts, quais de débarquement pour les marchandises, bassin de radoub, warfs, etc.

Si l'administration ne s'est pas montrée à la hauteur de sa tâche dans l'entreprise des grands travaux publics, -t-elle été plus heureuse dans l'exploitation des « fermes modèles » où elle a porté tous ses efforts? Il est permis d'en douter.

Les plus renommées sont celles de Bourail et de Koé. La ferme de Bourail a été créée avant 1870 pour la culture de la canne. En 1869, l'administration s'engageait par contrat avec le créateur de l'usine qui devait travailler les cannes a avoir, vers le milieu de 1872, 100 hectares de terres défrichées ou plantées et 58 hectares couverts de cannes bonnes à couper. Elle s'engageait aussi à fabriquer, à partir de 1874, de 1,000 à 1,500 tonnes de sucre par an. C'est seulemement en 1873-74 qu'elle put faire sa première opération, et elle ne fabriqua que 157 tonnes de sucre. L'année suivante, comme elle n'avait pas continué ses plantations, elle ne fabriquait plus que 16 tonnes ; enfin en 1880 il n'y avait que 50 hectares en culture et l'on n'obtenait que 3 tonnes et demie de sucre avec le travail de 300 hommes pour les cultures et de 100 hommes pour l'usine (1)! Il est vrai que la ferme de Bourail paraît se relever : la campagne de 1883 a produit 100 tonnes de sucre ou de rhum et l'administration espérait un rendement de 200 tonnes en 1884 (2).

Le domaine de Koé, consacré à la culture de la canne, à la fabrication des briques, à l'élevage des chevaux, n'a pas donné jusqu'ici de meilleurs résultats que celui de Bourail. Le total des recettes effectuées à Koé de 1877 à 1882 est évalué à 54,780 francs, alors que les dépenses faites pendant la même période ont été de 142,700 francs, — et cette

---

(1) Rapport de M. de Lanessan sur le budget des colonies pour l'exercice 1886.
(2) *Notices coloniales pour l'Exposition d'Anvers.*

évaluation des dépenses est bien au-dessous de la réalité (1).

Il paraît donc que l'administration pénitentiaire n'a su se servir jusqu'ici de la transportation ni pour construire des routes ou exécuter des travaux d'utilité générale ni pour mettre en valeur certaines parties de la colonie et indiquer ainsi aux colons libres les meilleures cultures.

Elle n'a malheureusement pas mieux réussi dans le système des « concessions » faites aux transportés en cours de peine ou aux libérés ; ses propres publications l'attestent : il existait au 31 décembre 1883 en Nouvelle-Calédonie 662 concessionnaires ; très peu étaient mariés. On n'a d'ailleurs introduit que 433 femmes dans la colonie depuis 1864. La plupart de ces concessionnaires, quoique établis sur de bonnes terres, sont de médiocres cultivateurs ; peu réussissent, et sur beaucoup de points ils constituent une grande partie des « rationnaires » des pénitenciers (2).

On serait injuste si l'on n'ajoutait pas après ce qui vient d'être dit que l'administration pénitentiaire a rencontré sur sa route bien des difficultés, — et ce ne sont pas les moindres qui sont venues de l'insubordination, de la paresse et du vice des transportés. Toutefois on peut conclure que pour entrer enfin dans une voie de progrès et rendre de véritables services à la colonisation libre, l'administration devra renoncer à bien de ses anciens errements.

La colonisation pénale n'a pas favorisé le développement de la colonisation libre. Cela tient certainement, au moins dans une certaine mesure, à ce que le voisinage des

(1) Rapport de M. de Lanessan.
(2) Rapport de M. de Lanessan. Rapport sur l'établissement de Fonwhari adressé à l'administration pénitentiaire en 1884 par le commandant de cet établissement.

transportés séduit peu les honnêtes gens : ils préfèrent rester en France que d'aller habiter dans un grand bagne où il n'est pas possible de se préserver du contact des forçats (1).

Mais d'autres causes expliquent aussi pourquoi les colons n'arrivent qu'en petit nombre en Nouvelle-Calédonie. Jamais l'administration locale n'a songé à employer pour les attirer les procédés de recrutement imaginés par les colonies australiennes. On sait que celles-ci possèdent en Angleterre de nombreuses agences d'immigration qui sollicitent par leurs brochures, leurs affiches et les prix modérés du transport toutes les familles qui songent à s'expatrier. Grâce à elles, les laboureurs, les fermiers, les artisans, s'embarquent par milliers chaque année sachant qu'ils ont chance de trouver en Australie une vie plus heureuse, des bénéfices plus élevés ou une existence moins misérable que dans leur patrie (2). La « direction de l'intérieur » ou les conseils élus de Nouméa n'ont pas imité cet exemple des colonies voisines, de telle sorte que le paysan français, menacé dans ses intérêts par l'abandon de la culture de la garance où les ravages du phylloxera ignore qu'il trouverait en Nouvelle-Calédonie une température moyenne, un climat sain, des terres fertiles donnant deux récoltes par an et des pâturages où l'on peut élever des bœufs, des moutons et des chevaux.

L'administration a cependant pris pour attirer les colons des mesures qu'elle croit suffisantes. Elle accorde à chaque immigrant et à sa famille le passage de France en Nouvelle-Calédonie, puis elle le met à son arrivée en possession gratuite d'une concession qui mesure 24 hectares, dont 4 de

---

(1) Le « garçon de famille » qui s'introduit à Nouméa même dans toutes les maisons est une plaie sociale, un agent de démoralisation. — Quant aux libérés de l'intérieur ils sont pour les colons isolés un objet de terreur.

(2) En 1883 : 50,200 Anglais, — 10,975 Écossais et 10,080 Irlandais ont quitté les ports du Royaume-Uni à destination de l'Australie et de la Nouvelle-Zélande.

terres à culture et 20 de terres à pâturage. Elle fait même plus, car elle lui assure des vivres pendant six mois et lui délivre pour une somme de 150 francs d'outils, de graines, de semences et d'animaux. Ces avantages, si sérieux qu'ils soient, ne séduisent personne. Il y a deux ans, 63 immigrants français seulement ont débarqué à Nouméa, et on n'en a compté que 330 dans la période quinquennale de 1879-1883 (1). Encore faut-il ajouter que beaucoup de ces immigrants sont des malheureux sans ressources dont l'administration des colonies a eu tort d'accueillir les demandes.

Une commission composée de colons et de fonctionnaires, nommée par M. Pallu de la Barrière sous son gouvernement, a élaboré en 1883 un plan de colonisation libre et pénale en Nouvelle-Calédonie qui contenait d'excellentes choses. Il comprenait : 1° l'emploi des transportés à l'achèvement des routes et des grands travaux publics, c'est-à-dire à l'appropriation de la colonie ; — 2° la mise en concession des transportés dignes de cette faveur ; — 3° la cessation de la transportation des forçats en 1888 afin d'assurer le développement de la colonisation libre que compromettrait une montée continue de l'élément pénal ; — 4° enfin, un appel rendu public par la distribution d'une notice spéciale (2) aux familles françaises d'agriculteurs et de pasteurs qui voudraient

---

(1) Pendant cette même période il est arrivé 382 Anglais et 39 étrangers de nationalités diverses.

(2) « Cette notice, comme vous l'avez dit vous-même, monsieur le gouverneur, ne devra s'appuyer que sur des données hors de toute discussion et devra signaler le côté pratique et matériel, c'est-à-dire le prix des denrées, le prix de la main-d'œuvre, le rendement exact, le prix de revient et le prix de vente des différents produits.

« De cette notice, qui serait répandue le plus possible, il serait fait un extrait qui pourrait être affiché dans les gares, dans les hôtels, dans les établissements les plus en vue, et surtout dans les départements éprouvés où cette opération d'immigration semble avoir les plus grandes chances de réussite. » — *Rapport de la commision à M. Pallu de la Barrière.*

venir s'établir dans notre colonie. Chaque famille, transportée gratuitement, devait recevoir à son arrivée une concession de bonnes terres, des vivres et des outils ; elle pouvait obtenir en outre d'une caisse spéciale certaines avances lui permettant de hâter la mise en valeur de sa concession.

Ce plan n'a malheureusement pas été étudié comme il aurait mérité de l'être par l'administration des colonies. Elle l'a même condamné sans le dire lorsque par un décret en date du 16 août 1884 elle a porté les « réserves pénitentiaires » à 110,000 hectares et réduit à 22,500 hectares, — dont 17,500 hectares de forêts, — les terres susceptibles d'être concédées. Ce décret a été accueilli en Nouvelle-Calédonie par des « transports de colère ». Les protestations de la presse et de la Chambre d'agriculture de Nouméa ont été des plus vives (1). Comment espérer, en effet, le développement de notre colonie, la venue si nécessaire de quelques milliers de colons, si on continue à y envoyer longtemps encore des forçats, comme le font prévoir les importantes réserves assurées à l'administration pénitentiaire ? Plus de 15,000 criminels ont déjà été débarqués depuis le premier convoi de mai 1864. La Nouvelle-Calédonie est saturée ; — et il ne faut point l'oublier, « la transportation est une question de dose ; il n'en faut pas trop » (2).

Le dernier recensement fait en Nouvelle-Calédonie accuse une population de 43,703 habitants : 23,000 indigènes, 4,165 colons libres français, anglais, allemands, 7,544 transportés, 3,814 libérés, 3,015 fonctionnaires, soldats et surveillants, 2,165 immigrants néo-hébridais, africains ou chi-

(1) « Courrier de la Nouvelle-Calédonie », journal *le Temps*.
(2) *Étude sur la question des peines*, par M. Michaux, ancien directeur des colonies.

nois. — On compte en outre 17,000 indigènes aux îles Loyalty.

Les mines reconnues dans la colonie sont considérables, mais bien peu encore en exploitation. En 1883, on comptait 892 « mines déclarées », et il n'y avait d'exploitées que 11 mines de nickel, 6 de cobalt, 2 de cuivre, 2 d'antimoine et 1 d'or. Ce sont pourtant les sociétés minières qui font la richesse de notre possession : on estime leur capital à 40 millions et leur dépense annuelle pour salaire d'ouvriers à 1 million. Elles emploient comme travailleurs des immigrants néo-hébridais, des libérés, — dont on obtient bien peu de services, — et des forçats en cours de peine qui leur sont prêtés par le service de la transportation dans des conditions très avantageuses (1). Les minerais extraits et envoyés au dehors représentent à eux seuls plus des 5/6 des exportations (2). On ne peut douter que depuis quelques années l'exploitation des mines soit poussée avec vigueur. Leur rendement augmente dans une proportion notable et augmentera plus encore, si, comme on l'a annoncé, le gouvernement français remplace la monnaie de cuivre par la monnaie de nickel. Ce métal est certain du reste d'un grand avenir, le jour où l'on aura enfin découvert un procédé industriel pour le rendre malléable. Il faut ajouter que certains indices permettent de croire que l'on trouvera en Nouvelle-Calédonie des mines de charbon d'une exploitation facile ; ce serait un coup de fortune, car les compagnies minières doivent faire venir aujourd'hui leur combustible d'Australie, et la société *le Nickel* ne consomme pas

(1) Les importantes mines de cuivre de la Balade emploient 200 forçats qui leur coûtent seulement, d'après un contrat passé avec l'administration pénitentiaire, 2 fr. 40 par homme et par jour. — Il y a environ 450 condamnés loués ainsi aux colons.

(2) En 1883 il a été exporté pour 5,612,582 francs de produits miniers qui se décomposent ainsi : cobalt (minerai), 91,200 francs ; — cobalt (fonte), 1,125,314 francs ; — chrome de fer, 100,560 francs ; — cuivre (minerai), 760,500 francs ; — nickel (minerai), 309,818 franc ; nickel (fonte), 3,225,10 francs.

moins, à elle seule, de 20,000 tonnes de houille par an.

L'élevage pourrait devenir aussi une source de revenus s'il était entrepris avec soin et méthode. En 1883 on estimait à 70,000 le nombre des têtes de gros bétail. Malheureusement l'élevage se fait jusqu'ici d'une façon aussi inconsciente et aussi contraire aux intérêts de la colonie qu'aux intérêts mêmes des éleveurs. — Le troupeau vit à l'aventure, détruit tous les pâturages à la fois; les génisses produisent beaucoup trop, les produits sont rachitiques et la race dépérit. Il serait désirable que les éleveurs apprissent à diviser leurs propriétés qui sont immenses afin de laisser les pâturages se reposer, et de maintenir la race (1).

La culture du café et de la canne donne des espérances; celle du cocotier qui fournit le coprah, est très rémunératrice; on espère enfin fabriquer une eau-de-vie agréable avec le jus de l'ananas.

Malheureusement, le ministère de la marine et des colonies vient de prendre, il y a peu de mois, une mesure regrettable qui a vivement ému tous les colons et menace de changer dans notre colonie les conditions du travail. L'introduction en Nouvelle-Calédonie d'indigènes recrutés aux Nouvelles-Hébrides est désormais interdite. Or les indigènes venus de ces îles rendent aux colons les plus grands services : actifs, intelligents, honnêtes, ils sont partout employés, car on ne peut obtenir un travail suivi ni des Canaques ni de la plupart des libérés. Ces derniers exigent d'ailleurs un salaire élevé, — 7 à 8 francs par jour, — alors que le Néo-Hébridais ne revient pas à plus de 1 fr. 60 à 1 fr. 70. L'utilité de ces immigrants est si incontestable dans les exploitations importantes aussi bien que dans les petites que l'auteur de la « Note sur la Nouvelle-Calédonie », publiée dans les *Notices coloniales*, n'hésite pas à le reconnaître. Il insiste même: « Tout

---

(1) *Rapport adressé à M. Pallu de la Barrière.* — Déjà cité.

le monde utilise le Néo-Hébridais ; le fonctionnaire pour le service intérieur, le négociant pour son magasin, l'agriculteur pour son champ, l'éleveur pour son troupeau, le propriétaire de mines pour son exploitation... Mais c'est surtout pour le planteur de café que cette immigration est une question capitale, et le café est une des grandes ressources du pays, une des cultures sur lesquelles on fonde le plus d'espérances. Le Néo-Hébridais est en outre un gage de sécurité pour les familles, surtout dans l'intérieur... Dans le même ordre d'idées, on peut dire que c'est grâce à sa présence que beaucoup de libérés et de condamnés trouvent du travail ; c'est un contre-poids à l'emploi de cette main-d'œuvre... L'immigration néo-hébridaise est donc des plus utiles, on pourrait dire indispensable à la Nouvelle-Calédonie. On compte aujourd'hui 2,165 Néo-Hébridais, et il est à désirer que ce nombre augmente au plus vite et dans de grandes proportions. »

Le mouvement commercial de notre colonie suit depuis quelques années une progression ascendante. Il s'est élevé en 1883 à 16,572,000 francs, dont 10,085,000 d'importations et 6,487,000 francs d'exportations. La différence en faveur des importations, — 3,598,000 francs, — s'explique par les envois de vivres et de matériel faits par le département de la marine pour la transportation et les troupes. En 1882, les exportations de la colonie n'avaient été que de 4,285,000 francs. Leur augmentation est due surtout aux produits miniers dont l'exportation s'est élevée, ainsi qu'on l'a dit déjà, à plus de 5 millions et demi. Viennent ensuite parmi les produits agricoles le coprah, le maïs, les peaux de bœufs, les oranges...

Les importations dans la colonie s'élevant à 10,085,000 fr., la part de la France est dans ce chiffre de 6,037,000 fr. (1).

(1) Commerce spécial.

Les importations des produits nationaux en Nouvelle-Calédonie ont, en effet, beaucoup augmenté depuis la création récente d'une ligne postale subventionnée reliant Marseille à Nouméa. Les pays importateurs sont, après la France, l'Australie (charbons de terre et farines), la Nouvelle-Zélande (bois de construction), l'Amérique (quincaillerie) et l'Angleterre (tissus et comestibles). Les exportations de la colonie en France sont peu importantes : 2,875,000 francs, sur lesquels il ne reste que 1,925,000 francs au commerce spécial (arachides, noix de touloucona, nacre, café...) Elle envoie presque tous ses métaux en Angleterre.

Il y a une dizaine d'années, le commerce anglais était prépondérant à Nouméa. Aujourd'hui les maisons françaises ont gagné beaucoup en importance (maisons Ballande et fils, de Bordeaux, Beylard père, de Bonneville) ; toutefois des maisons australiennes, anglaises et allemandes sont établies à côté d'elles.

Le mouvement du port de Nouméa a été, en 1883, entrées et sorties réunies, de 87 navires français jaugeant 103,000 tonneaux et de 190 navires étrangers jaugeant 103,000 tonneaux.

Quoique la Nouvelle-Calédonie n'ait pas atteint le degré de prospérité où elle devrait être arrivée il paraît évident que ses progrès ont été sensibles dans ces dernières années. La richesse de ses mines, la fertilité de ses terres, sa situation sur la route que suivront les navires entre Panama et Sidney, lorsque l'isthme sera ouvert, sont des gages de développement et de richesse pour l'avenir. Mais il faut ajouter que le sort de cette possession est, plus que celui des autres, entre les mains de l'administration, celle-ci se trouvant armée des lois du 30 mai 1854 sur l'exécution des travaux forcés, et du 27 mai 1885 sur la relégation des récidivistes : on croit, en effet, avoir montré que la transportation, qui a peu contribué jusqu'ici à la mise en valeur de la colonie, ne tarderait pas à lui nuire si elle n'était supprimée dans peu d'années pour laisser à la colonisation libre la faculté de faire son œuvre.

Il faudra chercher d'autres terres pour nos criminels.

On ne peut quitter la Nouvelle-Calédonie sans rappeler que des colons français et anglais établis a Nouméa y ont fondé en septembre 1882 « la Compagnie néo-calédonienne des Nouvelles-Hébrides », au capital de 500,000 francs, dans le but de faire le commerce avec les îles de cet archipel indépendant.

Cette compagnie semble prospérer. Elle possède sur le littoral de diverses îles : Spiritu Santo, Sandwich, Tanna, Mallicolo, Api, Aoba, etc., et notamment autour des meilleurs baies, 250 à 300,000 hectares de terres où sont faites des plantations de café et de maïs. Les indigènes apportent à ses comptoirs, au nombre d'environ dix-huit, les produits qu'ils ont eux-mêmes récoltés.

En 1883, la compagnie a exporté, — c'était alors sa première année, — 150 sacs de café, — 6,273 sacs de coprah, — 3,400 sacs de maïs, — et 19 tonnes d'ignames. Il n'est pas douteux que le chiffre de ses opérations ait été supérieur en 1884.

Ce mouvement d'affaires profite certainement à la Nouvelle-Calédonie ; il porte aussi notre influence dans un archipel ou n'étaient établis, il y a trois ans, que des missionnaires anglais et quelques rares colons français, belges et suédois. On peut toutefois regretter que la Compagnie néo-calédonienne, dans laquelle sont engagés avec les nôtres des capitaux australiens et où servent plusieurs agents étrangers, ne soit pas exclusivement française.

XIII

ÉTABLISSEMENTS FRANÇAIS DE L'OCÉANIE

Les archipels océaniens soumis à la France. — Petit nombre des colons.
Tahiti et Moréa. — Cultures et commerce. — Relations commerciales avec l'Amérique et l'Australie. — Navigation.
Les archipels des Tuamotu et des Gambiers.
Pêche de la nacre et des perles.
Les Marquises.
Situation présente de nos possessions océaniennes et leur avenir. — Les deux grandes routes du commerce international après le percement de l'isthme de Panama. — Situation de la France sur ces routes. — L'archipel de Cook.

La France possède dans la Polynésie plusieurs archipels ou groupes d'îles réunis sous l'autorité d'un gouverneur assisté de cinq résidents : l'archipel de la Société dont la principale île est Tahiti, tête de nos établissements ; l'archipel des Tuamotu ; l'archipel des Gambiers ; l'archipel des Tubuaï ; l'île Rapa ; l'archipel des Marquises et enfin l'île de Raiatéa qui fait partie du groupe des îles sous le Vent de Tahiti.

La population totale de ces établissements est évaluée à 25,000 âmes ; dans ce chiffre on compte 986 Français, 254 Américains, 240 Anglais, et 127 Européens de nationalités diverses.

L'île de Tahiti et l'île Moréa, sa voisine, sont les plus prospères et les plus commerçantes. Soumises à notre protectorat avec plusieurs archipels polynésiens, depuis 1842, elles sont devenues possessions françaises en 1880. Les Français s'y portent peu, même depuis l'annexion, puisque le nombre des colons n'est, dans ces deux îles, que de 970. Ce chiffre, dans lequel les fonctionnaires doivent être compris, est bien médiocre. Les îles de la Société ne sont pas cultivables sur toute leur étendue, quoiqu'elles puissent produire le coton, le café et le cocotier; mais sous un climat superbe, favorable aux Européens, des colons pourraient y établir de grandes exploitations ostréicoles et des savonneries (employant le coprah) qui seraient pour eux en peu d'années une source de richesse (1). Enfin Tahiti est située sur une des routes commerciales de l'Océanie.

On cultive à Tahiti et à Moréa le coton (production annuelle 500,000 kilogrammes valant plus de 1 million), le sucre, la vanille, le café. La terre, extrêmement fertile, produit en outre des noix de coco dont on fait l'huile de coprah (700,000 kilogrammes d'une valeur de 290,000 francs) et des oranges. Le bétail et la volaille donnent aussi lieu à un mouvement d'exportation d'une certaine importance (600,000 francs). Des machines pour égrener le coton et traiter le sucre ont été installées par des colons.

En 1883 le commerce total de ces îles s'est élevé à 7,640,000 francs dont 3,936,000 francs d'importations et 3,714,000 francs d'exportations (2). Dans ce chiffre la part de la métropole est faible : les exportations de la France pour Tahiti s'élèvent à 618,000 francs et les importations de Tahiti en France à 141,000 francs (3).

(1) Rapport de M. Bouchon-Brandely au ministre de la marine et des colonies. M. Bouchon-Brandely avait été chargé d'aller étudier la culture des huitres perlières dans nos archipels océaniens.

(2) Cette année paraît avoir été mauvaise pour la colonie, car son commerce total s'était élevé à 8,629,000 francs en 1881 et à 8,118,000 francs en 1882 ; enfin en 1884 il s'est élevé, d'après des chiffres récents, à 10,159,000 francs.

(3) Ces chiffres, empruntés aux statistiques publiées par les *Notices coloniales*, doivent appartenir au commerce général.

Notre possession océanienne a ses principales relations d'affaires avec San Francisco (2,411,000 francs d'importations et 1,964,000 francs d'exportations), les archipels qui l'entourent, y compris la Nouvelle-Zélande (633,000 francs d'importations et 672,000 francs d'exportations) et l'Australie.

Cet état de choses tient évidemment pour beaucoup à la situation géographique des îles de la Société. Elles sont très éloignées de la métropole : les navires qui en viennent ou qui s'y rendent doivent presque faire le tour du monde. Au contraire elle est voisine de deux grands pays dont la vie industrielle ou commerciale est très active, l'Amérique et l'Australie. Ses relations journalières, qui lui sont imposées du fait de la nature, sont aussi favorisées par la direction des services de la navigation. Tandis qu'aucune ligne ne relie Tahiti à la France, deux lignes allemandes et anglaises relient cette île l'une à la Nouvelle-Zélande, l'autre à San Francisco.

Il faut ajouter qu'à Tahiti-Moréa, comme dans tous les archipels océaniens, le commerce appartient à des maisons anglaises, allemandes et américaines. Papéïte, chef-lieu de Tahiti, est le siège d'une grande société allemande dite « Société commerciale océanienne ». Les maisons françaises occupent le second rang.

En 1883 le mouvement du port de Papéïte a été de 138 navires jaugeant 23,000 tonneaux. Dans ce chiffre 79 navires étaient français, d'une capacité de 10,000 tonnes. Les navires allemands et américains sont les plus nombreux. Un commerce de cabotage assez actif se fait entre Tahiti et les archipels voisins.

L'archipel des Tuamotu est la plus vaste pêcherie qui soit au monde : Sur les 80 îles dont elle se compose, il n'en est que cinq ou six ne produisant pas de perles. Malheureusement, cette immense pêcherie, mal exploitée, n'a pas donné jusqu'ici les revenus qu'on peut en attendre. La production des nacres pour le seul archipel des Tuamotu s'élève au chiffre d'environ 390 à 400 tonneaux par an, représentant, au prix moyen de 1,500 francs la tonne, une valeur de 580 à 600,000 francs. Quant aux perles, il est absolument impossible d'en faire la moindre évaluation. En vend-on pour 100,000 ou 500,000 francs? C'est entre ces deux chiffres qu'est la vérité. Dans tous les cas, on peut sans témérité avancer que l'archipel des Tuamotu livre au commerce pour au moins un million de produits par an, en nacre, coprah et perles.

Les îles Gambier produisent de 250,000 à 400,000 francs de nacre par an, prix d'achat.

La majeure partie du commerce de ces deux archipels est faite par des Anglais, des Allemands et des Américains. Ils y importent des produits de leur fabrication (1).

L'archipel des Marquises possède plusieurs îles fertiles où les indigènes, au nombre de 5 à 6,000, cultivent le coton et le fungus (champignon). Ces deux produits sont, avec le coprah, les marchandises d'exportation. Aucune statistique ne donne le mouvement commercial de cet archipel, mais on peut l'estimer à 2 millions et demi. Presque toutes les affaires se font avec San Francisco.

En résumé, les possessions françaises de l'Océanie, cela résulte de renseignements dignes de foi beaucoup plus que des statistiques très insuffisantes, sont en voie de progrès. Les indigènes s'habituent au travail, étendent leurs cultures.

Malheureusement, le commerce allemand et anglais a beaucoup plus d'importance que le commerce français. Le *Tableau général des douanes* ne permet pas de donner les chiffres exacts du commerce entre la France et ses Établis-

---

(1) D'après le rapport de M. Bouchon-Brandely.

sements polynésiens, mais on sait que ses exportations consistent surtout en vins, liqueurs, tissus et ses importations en arachides, nacres et perles.

On peut dès maintenant prévoir que dans quelques années, lorsque le canal de Panama sera ouvert au commerce du monde, les Établissements français de l'Océanie augmenteront beaucoup d'importance.

Deux routes semblent devoir être suivies par les navires entre Panama et Sydney: la première, directe, sera prise par les paquebots : ils s'arrêteront seulement pour faire du charbon à Mangareva (Gambier) ou à Rapa, deux points français, et à la Nouvelle-Zélande. La seconde, plus longue, sera suivie par les navires désireux de rencontrer un grand nombre de points commerciaux : ils visiteront les Marquises (françaises), Tahiti, les Samoa (à demi allemandes), les Fidj (anglaises) et la Nouvelle-Calédonie.

La France est donc assurée de se trouver sur ces deux routes. Il faut ajouter que si le département de la marine l'aménage en conséquence, Papeïte deviendra un port de réparation pour les navires traversant l'Océan Pacifique. Il possède déjà aujourd'hui une cale de halage qui peut recevoir des bâtiments de 500 tonneaux et des quais disposés pour l'abatage en carène des navires de tout rang.

Entre Panama et Sydney, sur la route marchande, se trouve encore un autre archipel, indépendant jusqu'ici, mais qui paraît destiné à être annexé par la France ou par l'Angleterre. C'est l'archipel de Cook où le commerce est aujourd'hui anglais et australien.

XIV

RÉSUMÉ. — SITUATION COMMERCIALE DES COLONIES
FRANÇAISES.

Les progrès de nos établissements d'outre-mer sont incontestables. —
 Nos anciennes colonies. — Celles acquises depuis 1815. — Chiffres
 généraux. — Population de nos colonies. — Ce qu'elles achètent
 en France et ce qu'elles achètent à l'étranger. — Avantages naturels que ses colonies assurent à la France. — Notre industrie alimentée par les importations des colonies en France. — Consommation par tête de 23 fr. 50 de marchandises françaises et de 49 fr. 90
 de marchandises étrangères. — Explication de ces chiffres.
Comparaison des colonies anglaises et françaises au point de vue de
 la consommation des marchandises nationales. — Chiffres favorables
 à l'industrie française. — Les Antilles anglaises et les Antilles françaises. — Maurice et la Réunion. — L'Annamite de Cochinchine consomme plus de produits français que l'Indien de produits anglais. —
Situation moins favorable sur les marchés d'Afrique et d'Asie. — Efforts à faire. — Nécessité pour notre industrie de fabriquer le produit « bon marché ».
Part du pavillon français dans le commerce de nos colonies.

On a étudié jusqu'ici chaque colonie séparément, ses relations, son commerce, son avenir, et cette étude a répondu aux objections faites par certains esprits. Les points faibles de notre système colonial, l'infériorité parfois grande de notre commerce d'exportation en concurrence avec le commerce étranger, l'insuffisance des capitaux français dans quelques colonies, ont été mis en vive lumière, et cependant il est permis de trouver assez satisfaisante la situation générale de nos établissements d'outre-mer.

Leurs progrès sont incontestables. Les traités de 1815 rendaient à la France des colonies désorganisées, ruinées. En 1820 l'ensemble des échanges de tous nos établissements, Guadeloupe, Martinique, Réunion, Guyane, Saint-Pierre et Miquelon, Sénégal, Établissements de l'Inde, n'atteignait pas 100 millions. En 1883 le commerce général de ces mêmes colonies s'élève à plus de 303 millions.

En même temps le domaine colonial de la France s'est considérablement étendu. A nos anciennes possessions acquises dans les siècles précédents, il faut ajouter le Sénégal agrandi, les Établissements du golfe de Benin, le Gabon et le Congo français, Nossi-Bé, Mayotte, Obock, la Cochinchine, le Cambodge, l'Annam, le Tonkin, la Nouvelle-Calédonie, les archipels océaniens, et demain la partie nord-ouest de Madagascar.

Afin de juger mieux la situation exacte de nos colonies, leur richesse, leur commerce, il faut résumer les chiffres donnés plus haut pour chacune d'elles. Malheureusement les résultats obtenus ne seront pas toujours d'une parfaite exactitude, les statistiques étant quelquefois incomplètes. Dans ce résumé, il importe, pour avoir la situation vraie, de comprendre toutes nos colonies, la Cochinchine aussi bien que la Martinique ou la Guadeloupe, car mettre à part les colonies les moins prospères ou ayant peu de relations avec la métropole et ne présenter que les autres serait fausser la réalité des choses.

Toutefois il n'est pas possible d'y faire entrer les Rivières du Sud, les Établissements du golfe de Benin et le Gabon, parce que les renseignements fournis par les statistiques sur ces comptoirs sont trop incomplets. On ne connaît pas leur population, il n'est pas toujours possible de relever leur commerce spécial avec la France et on ignore celui qu'ils font avec l'étranger. Il faut aussi écarter le Congo français, Obock, le Cambodge, l'Annam, le Tonkin, territoires acquis d'hier et que l'on ne saurait considérer jusqu'ici comme des possessions réellement ouvertes au commerce.

En 1883 la population des colonies françaises (1) s'élève à 2,808,300 habitants et leur commerce total est de 479,590,000 francs. Dans ce chiffre leurs exportations en France sont de 119,916,000 francs (2). Elles reçoivent pour 66,050,000 francs de marchandises françaises et pour 140,287,000 francs de marchandises étrangères (3). Enfin, et ici les chiffres sont certainement incomplets et au-dessous de la vérité, le commerce de nos colonies tant au long cours qu'au cabotage a employé environ 7,376 navires français jaugeant 1,752,400 tonnes et 11,375 navires étrangers (4).

Ces résultats dont l'ensemble est satisfaisant appellent quelques observations qui les mettront davantage en valeur :

Nos colonies exportent plus de produits en France qu'elles n'importent de marchandises françaises chez elles. Cette constatation effraye certains esprits. Nos colonies, pensent-

(1) Guadeloupe, Martinique, Réunion, Guyane, Saint-Pierre et Miquelon, Sénégal, Sainte-Marie de Madagascar, Nossi-Bé, Mayotte, Établissements de l'Inde, Cochinchine, Nouvelle Calédonie, Tahiti.
Des tableaux publiés à la fin de ce volume présentent par colonies les chiffres donnés ici en total.
(2) Ce chiffre est celui du commerce général. Les réexportations de France à l'étranger étant d'environ 9 millions, on peut considérer les exportations des colonies en France au « commerce spécial » comme étant de 111 millions.
(3) Ce dernier chiffre est celui des importations de l'étranger dans nos colonies. *Il est possible qu'il ne représente pas exclusivement des marchandises étrangères*, car on peut admettre qu'il est exporté de l'étranger à destination de nos colonies une certaine quantité de produits originaires de France.
(4) On ne peut donner le tonnage de ces navires, mais il est possible qu'il soit moins élevé ou du moins qu'il ne soit pas sensiblement plus élevé que celui des navires étrangers, car on a remarqué que les *boutres arabes*, les *barques annamites* et les *jonques chinoises*, qui visitent activement certaines de nos colonies, sont d'un faible tonnage.

ils, sont loin d'être des débouchés pour nos produits, puisqu'elles nous envahissent des leurs. Il y a là une erreur. Nos colonies fournissent à l'industrie française des matières premières qu'elle transforme et vend ensuite plus cher qu'elle ne les a achetées; c'est donc un bénéfice pour elle. Nos huileries, nos stéarineries, nos savonneries, s'enrichissent à traiter les graines oléagineuses importées d'Afrique et d'Asie. Il en est de même de nos raffineries qui travaillent les sucres bruts de nos colonies sucrières, réexportées ensuite à l'étranger pour la plus grande partie. Si nous n'avions pas de colonies, ces matières premières viendraient-elles donner du travail à nos ouvriers, alimenter nos industries? Nous pourrions, à la vérité, aller les chercher à l'étranger, mais est-il certain que nous irions? Est-il certain, par exemple, que les industries de l'huile, de la bougie et du savon seraient prospères à Marseille, si nous ne possédions pas aux côtes d'Afrique et dans l'Inde des colonies qui considèrent le marché métropolitain comme leur débouché naturel, qui nous apportent leurs produits pour nous acheter les nôtres?

Les chiffres cités plus haut permettent de faire une autre constatation. Nos colonies consomment deux fois plus de marchandises étrangères que de marchandises françaises. Chaque citoyen ou sujet français d'outre-mer achète annuellement pour 23 fr. 50 de produits métropolitains et pour 49 fr. 90 de produits étrangers. Cet état de choses a déjà été expliqué au cours de cette étude : il tient d'une part à la liberté commerciale qui ne protège aucun pavillon et aucune marchandise (1), permettant ainsi une entière concurrence, et d'autre part à la situation géographique des colonies. N'est-il pas évident que les Antilles achèteront

---

(1) En 1883 les tarifs douaniers des Antilles, de la Réunion et du Gabon n'étaient pas encore en vigueur.

leurs vivres aux États-Unis plutôt qu'en France, la Réunion à Madagascar, Tahiti à San Francisco ou en Australie ?

Ce ne sont point seulement les denrées de première nécessité d'origine étrangère, dont l'entrée est favorisée dans nos colonies par la situation géographique de celles-ci. Le prix du fret, souvent plus élevé pour un long voyage que pour un court, pèsera sur toutes les marchandises métropolitaines. Que l'on suppose les draps américains et les draps français livrés aux mêmes prix sur les lieux de fabrication, et l'on devra reconnaître que les premiers ayant un trajet plus court à faire pourront se vendre sur les marchés des Antilles moins cher que les seconds.

Mais une remarque fort intéressante doit être mise en lumière : la France vend plus de produits français dans ses colonies que l'Angleterre de produits britanniques dans les siennes, — proportionnellement au chiffre des habitants qui peuplent les possessions coloniales des deux pays.

Si, en effet, on estime la population de toutes les colonies de la Grande-Bretagne dans les cinq parties du monde à 268,237,000 âmes (1), les exportations des produits britanniques pour toutes ces terres s'élevant à 2,086,825,000 francs, on voit que chaque sujet de l'Impératrice des Indes ne consomme que pour 7 fr. 78 de produits anglais. On arrive à une moyenne aussi faible parce qu'un grand nombre d'indigènes, sujets ou protégés, n'achètent encore aucun produit anglais et surtout parce que la première colonie de la Grande-Bretagne en

---

(1) L'Inde seule a une population de 253,982,000 habitants sujets et protégés.

Les chiffres donnés ci-après et relatifs aux exportations des produits britanniques dans les colonies sont extraits de l'*Annual Statement of the trade of the United Kingdom for the year* 1883.

population et en étendue a une consommation extrêmement restreinte.

L'Inde, moins Ceylan, avec une population de 253,982,000 habitants, a seulement un commerce total de 3,389,500,000 francs (la petite Belgique atteint presque ce chiffre); et les importations de marchandises anglaises n'entrent dans cette somme que pour 796,850,000 francs. Chaque Indien ne consomme ainsi que pour 3 fr. 15 de marchandises britanniques.

Mais on peut négliger les Indes dans cette comparaison entre la France et l'Angleterre pour ne rapprocher que les possessions de même climat et de même production; on verra encore que les industriels français ont moins sujet de se plaindre que les industriels anglais.

Les Antilles anglaises ont avec le Honduras et la Guyane une population de 1,497,000 âmes. Elles consomment pour 88 millions de francs de marchandises britanniques, soit pour 58 fr. 77 par individu.

A côté d'elles la Guadeloupe, la Martinique et la Guyane, peuplées de 392,000 habitants, reçoivent pour 31,867,000 francs de produits français. C'est donc une consommation de 81 fr. 34 par tête. Une pareille comparaison est loin d'être défavorable à la France.

Dans l'Océan Indien la situation est la même : Maurice a 377,000 habitants et achète pour 12,300,000 francs de marchandises métropolitaines, soit pour 32 fr. 62 par individu. La Réunion, peuplée de 169,000 habitants, achète en France pour 7,832,000 francs. C'est une moyenne de 46 fr. 25 qui dépasse de beaucoup celle de l'île anglaise.

Il est vrai que toutes nos colonies ne font pas une égale demande de marchandises françaises ; la moyenne de consommation donnée plus haut le prouve du reste. Mais il est cependant intéressant de remarquer encore que l'Annamite de la Cochinchine française consomme un peu plus de produits français (4 fr. 23) que l'Indien de produits anglais (3 fr. 25) (1).

Ces comparaisons sont très favorables aux colonies françaises et tournent à leur avantage. Elles ne sauraient faire perdre de vue cependant les observations qui ont été développées plus haut sur notre commerce à la côte d'Afrique. La France est ici en état d'infériorité : ainsi nos négociants qui importent dans nos ports pour 47 millions de produits (46,959,000 fr., commerce général) récoltés à la côte occidentale (Rivières du Sud, Gabon, possessions anglaises et pays indépendants) doivent donner en échange aux indigènes pour environ 18 à 20 millions de marchandises européennes, et dans cette somme il n'entre pas pour plus de 4 millions de marchandises françaises (2). On a dit en étudiant le commerce des différentes nations avec l'Afrique que la création d'une ligne postale subventionnée reliant la France aux principaux marchés de la côte occidentale y favoriserait dans une large mesure la vente des articles français. Il n'en est pas moins vrai que les chiffres relevés ici accusent une situation peu favorable dont il faut souhaiter la prompte amélioration. Chaque jour, en effet, les traitants, à la suite des explorateurs, avancent de tous les points de la côte dans l'intérieur du *noir continent*, apportant aux indigènes les marchandises anglaises et allemandes dans une proportion plus forte que les marchandises françaises. Si les industriels français ne veulent pas se condamner à n'avoir au siècle prochain qu'une part mé-

(1) Toutefois ce chiffre n'est pas aussi probant que les autres, parce que les Anglais ont donné à l'Inde une vie industrielle propre en créant des usines et des manufactures qui fournissent la péninsule et même exportent leurs produits.
(2) Les chiffres du *Tableau général du commerce* ne permettent pas de fixer très exactement la part du commerce spécial dans le commerce général.

diocre dans le commerce d'un continent grand comme trois ou quatre fois l'Europe, et peuplé de 3 à 400 millions d'hommes, il importe qu'ils appliquent dès maintenant tous leurs efforts à produire à meilleur marché les articles de traite consommés par les indigènes.

Et ce qui est vrai en Afrique l'est également en Asie; on l'a montré à propos de la Cochinchine. Si la France tient à nouer d'importantes relations commerciales avec les provinces méridionales de la Chine, il faut que ses cotonnades puissent rivaliser avec les cotonnades anglaises. Toutefois la lutte sera rendue ici plus facile à nos fabricants, puisque nous pouvons établir un tarif douanier dans nos possessions de l'Extrême Orient.

Merival l'a dit avec raison : « Une contrée qui ne produirait que des objets dont ses colonies n'auraient pas besoin ne trouverait en elles aucun marché et ne pourrait faire aucun commerce avec elles. »

Si donc nous voulons être assurés de recevoir les produits de nos colonies africaines et asiatiques, il faut leur fournir une contre-valeur en échange.

On a vu plus haut que le commerce des colonies françaises employait 7,376 navires portant notre pavillon. Ce chiffre, qui est inférieur à la réalité, est satisfaisant. Il comprend les navires au long cours et seulement une partie des navires au cabotage et permet de penser que notre commerce colonial fait vivre de 25 à 30,000 marins.

Dans ce total ne sont pas compris les bâtiments français faisant le commerce des deux côtes africaines : 103 jaugeant 70,500 tonneaux ont quitté nos ports pour cette destination ou y sont entrés au retour de leur voyage.

XV

UTILITÉ MORALE ET MILITAIRE DE NOS COLONIES

Utilité matérielle et utilité morale de nos colonies. — *Ce qu'on voit et ce qu'on ne voit pas.*
La France revit dans ses Établissements d'outre-mer. — Rayonnement de son influence, de ses mœurs et de sa langue. — Le Canada et Maurice ont gardé l'empreinte de la France. — Histoire militaire de nos colonies. — Leur patriotisme. — Les volontaires de la Réunion et de l'île de France dans l'Inde. — Les colons viennent s'engager pendant la guerre. — Utilité militaire de nos possessions coloniales dans les guerres de l'avenir. — *Les colonies nécessaires.* — Nos colonies indispensables à notre marine. — La Tunisie. — Madagascar. — Le Tonkin. — La route de l'Inde. — Constitution d'une flotte spéciale dans l'Extrême-Orient.
Deux objections des adversaires de la politique coloniale. — La Suisse et la Norvège. — Réfutation. — Les « colonies libres » des deux Amériques. — Avantages assurés à notre industrie par ces colonies ; leur importance. — Elles ne sont d'aucune utilité militaire et d'une faible utilité morale. — Leurs membres oublient la langue de leur patrie d'origine. — Naturalisation américaine ou argentine. — Absorption des « colonies libres » par les milieux dans lesquels elles vivent. — Comparaison entre les « colonies libres » et les « colonies administratives ». — Supériorité de ces dernières. — Pourquoi l'utilité matérielle des « colonies libres » paraît aujourd'hui plus grande que celle des « colonies administratives ». — Ce qu'il faut attendre de l'avenir.

L'*utilité matérielle* des colonies est de donner au commerce de la métropole un grand essor, d'activer, d'entretenir son industrie, et de fournir aux habitants de la mère patrie, industriels, ouvriers, consommateurs, un accroissement de profits, de salaires et de jouissances. Mais à côté de l'*utilité matérielle* est l'*utilité morale ;* aussi M. Leroy-Beaulieu a-t-il raison de dire « qu'évaluer les avantages des colonies uniquement d'après les statistiques du commerce entre elles et la mère patrie, c'est ne considérer que l'une des parties, non peut-être la plus importante des relations qui ont tant d'effets variés et heureux. »

C'est pourquoi l'on est conduit, lorsqu'on veut démontrer cette *double utilité* des colonies, à rappeler le mot célèbre de Bastiat : il y a dans certains faits de l'ordre économique *ce que l'on voit* et aussi *ce que l'on ne voit pas.*

Ce que l'on voit ici, ce que les adversaires de la politique coloniale surtout veulent voir, c'est le chiffre qu'ils jugent médiocre du commerce entre la France et ses colonies, c'est la faible vente des produits français dans certaines de nos possessions ; — *ce que l'on ne voit pas*, ce que ces adversaires ne veulent pas que l'on voie, ce sont ces « effets variés et heureux », cette *utilité morale* de nos colonies ; — *ce que l'on ne voit pas*, c'est que le point de vue particulier du *doit* et de l'*avoir* ne suffit pas pour résoudre la question de principe, c'est qu'il y a pour un peuple des questions de puissance et d'honneur, c'est qu'un grand nombre de raisons de l'ordre moral ou politique peuvent amener un État à conserver ou même à conquérir une colonie qui ne rapporterait que peu ou point *matériellement* à la métropole.

Il sera donc permis de rappeler ces effets *variés et heureux*, de mettre en lumière l'*utilité morale* de nos Établissements coloniaux.

Grâce à ses colonies répandues dans les quatre parties du monde, la France fait flotter son pavillon sur toutes les mers. Elle porte au loin son nom, sa langue, ses idées, assurant sa grandeur matérielle, morale et intellectuelle. Ses colons sont peu nombreux, presque toutes ses possessions étant aujourd'hui des colonies de commerce, et cependant aux Antilles, dans l'Océan Indien, en Afrique, en Asie, en Océanie, on rencontre une petite France image vivante de la grande patrie, parlant la même langue, régie par les mêmes lois et les mêmes coutumes, ayant les mêmes instincts, le même caractère et animée du même patriotisme.

Nous avons perdu, à la suite de guerres malheureuses dans la seconde moitié du siècle dernier et au commencement de celui-ci, quelques-unes de nos plus vieilles colonies ; et cependant après un siècle ou plus d'un demi-siècle de prospérité matérielle sous la domination anglaise, le Canada, l'Acadie, Maurice, ont conservé l'amour de l'ancienne métropole ; la langue française, les mœurs françaises sont restées dominantes chez ces populations ; Maurice continue à entretenir de solides relations commerciales avec notre pays, et ses créoles, toujours français de cœur, appellent de leurs vœux l'établissement de la France sur la grande île de Madagascar ; — tant il est vrai que même le lien colonial rompu, la tenacité des mœurs et des goûts nationaux persiste avec le profond souvenir de la patrie d'origine.

Si l'on consulte l'histoire militaire de l'ancienne monarchie, de la République et de l'Empire, on est amené à constater que nos colonies, bien loin d'avoir compromis l'indépendance et la sécurité de la mère patrie, ont partagé ses luttes, portant haut et ferme le drapeau de la France ! En Amérique, aux Antilles, dans l'Océan Indien, cette partie de notre histoire nationale, tragique, semée de revers, n'est pourtant pas sans gloire. La Guadeloupe, la Martinique, la Réunion, l'Ile de France (aujourd'hui anglaise), ont eu une conduite admirable dans ces guerres d'autrefois. Au siècle dernier les volontaires des îles de Bourbon et de France se sont distingués dans les guerres de l'Inde : La Bourdonnais et Suffren n'avaient pas de soldats plus courageux et plus intrépides ; pendant les guerres de la Con vention et de l'Empire ces mêmes volontaires soutinrent contre les forces anglaises de glorieux combats et plusieurs fois secoururent les flottes françaises.

Aussi peut-on dire, en revoyant cette longue période, que nos anciennes colonies servirent la métropole dans ces différentes guerres en immobilisant dans la mer des Indes et le golfe du Mexique des forces considérables qui autrement eussent été employées contre les côtes de France : c'est la Flandre, la Normandie, la Bretagne, la Saintonge, la Gascogne, la Provence qui auraient subi l'assaut de toutes les forces retenues dans les mers lointaines par ces sentinelles avancées.

Dans des temps plus près de nous, la Martinique et la Guadeloupe servirent de base d'opérations à l'expédition du gouvernement de Napoléon III au Mexique.

Enfin, et c'est une nouvelle preuve de l'inaltérable fidélité de nos possessions d'outre-mer, on a vu partir de toutes nos colonies en 1870 des jeunes gens appartenant aux différentes classes sociales qui, cédant à leur patriotisme, vinrent en France s'engager dans l'armée pour concourir à la défense du territoire (1).

Si nos colonies nous ont été utiles dans nos guerres d'autrefois, il semble qu'elles doivent nous être plus utiles encore dans les guerres de l'avenir.

C'est ce que vient de démontrer dans une brochure fort remarquable un de nos officiers de marine les plus distingués que tout le monde a reconnu sous l'anonymat (2). On ne saurait mieux faire que de le suivre et de le copier ici.

(1) M. de Mahy, député de la Réunion. — Il faut lire son admirable discours sur la politique coloniale de la France, prononcé à la Chambre des députés dans la séance du 26 juillet 1885 à l'occasion de la discussion des crédits pour Madagascar.

(2) *Les Colonies nécessaires, Tunisie, Tonkin, Madagascar*, par Un Marin.

L'idée développée par l'auteur des *Colonies nécessaires* est que « certaines de nos colonies sont aussi indispensables à nos flottes de combat pour assurer leur mobilité et leur disponibilité offensive, que les camps retranchés et les forteresses sur les positions dominantes d'un pays pour une armée de terre en campagne manœuvrant autour d'elles. Depuis que les navires de guerre ne peuvent plus se mouvoir sans charbon et que les lois des neutres sont rigoureusement observées, il faut que nos bâtiments trouvent sans cesse à leur portée, dans les régions des mers où ils doivent opérer, des stations navales leur offrant un abri sûr, le renouvellement de leur combustible, de leurs munitions, les réparations nécessaires et une solide base d'opérations servant de pivot à leur rayonnement offensif vers l'ennemi. »

Si la France ne possédait pas les ports, les ressources et les positions stratégiques de la Tunisie dans la Méditerranée, de Madagascar dans l'Océan Indien, et de l'Indo-Chine dans l'Extrême-Orient, ses flottes seraient rivées impuissantes à ses côtes, et réduites à une guerre défensive.

Or, *il importe au plus haut point, pour notre situation en Europe dans les guerres futures, que nous tenions* « *sans cesse notre puissance maritime en état de faire échec à celle de l'Angleterre* ».

Si l'on considère cette proposition fondamentale comme vraie, on ne peut hésiter à reconnaître l'*utilité militaire* incontestable de la Tunisie, de Madagascar et du Tonkin.

« 1° Sans l'établissement de notre protectorat et de nos forces militaires et maritimes en Tunisie, il nous serait impossible de faire échec aux positions stratégiques anglaises de Gibraltar et de Malte et d'intercepter entre elles la route directe de l'Angleterre aux Indes par la Méditerranée et le canal de Suez au seul point où, pour nous, cette route est vulnérable.

« 2° Sans l'établissement de notre protectorat et de nos

forces militaires et maritimes à Madagascar il nous serait impossible de faire échec aux colonies anglaises du Cap, de Maurice et des Seychelles, et d'intercepter entre elles les routes indirectes de l'Angleterre aux Indes par le cap de Bonne-Espérance.

« 3° Sans l'établissement de notre domination sur la presqu'île de l'Indo-Chine et l'établissement d'un port de guerre à Saïgon, les immenses bassins de l'Océan Indien et des mers de Chine où se trouvent concentrées presque toutes les richesses de l'Empire britannique et plus de la moitié de sa flotte marchande se trouveraient absolument fermés à nos escadres, qui ne pourraient ni y prendre pied, ni y tenir campagne, ni y faire échec aux positions stratégiques de Singapore et de Hong-Kong qui en sont les clefs, ni intercepter entre elles la route directe d'Angleterre aux Indes par l'Amérique lorsque fonctionnera le canal de Panama, ni enfin y menacer directement le flanc oriental des possessions anglaises. »

L'auteur des *Colonies nécessaires* n'a pas manqué de répondre à une objection présentée chaque jour par beaucoup d'esprits : comment, en cas d'une guerre avec la Grande-Bretagne, les flottes françaises pourraient-elles franchir les lignes de croisières anglaises de Gibraltar, Malte, Chypre, Perim et Aden qui gardent la route de la mer des Indes et de la mer de Chine ?

« La France, écrit-il, devra reprendre entièrement à son

---

(1) Un orateur de la Chambre des députés ayant dans la séance du 28 mars 1885 reproché à l'amiral Peyron d'avoir compromis la défense des côtes de France (si un conflit européen venait à éclater), en envoyant une flotte dans les mers de Chine, celui-ci déclara que nous n'avions en Chine que des bâtiments qui, en cas de guerre européenne, ne doivent pas rester en France. Il ajouta que les croiseurs de la flotte de l'amiral Courbet étaient beaucoup plus près des points où ils devraient être dirigés que s'ils étaient en France dans des ports où il faudrait les armer.

compte l'arsenal de Saïgon et y monter un outillage suffisant pour la réparation de nos bâtiments de guerre, avec de nombreux bassins de radoub et un service complet pour le désarmement et l'entretien de tous ceux de nos navires, qui devraient constituer en temps de guerre l'escadre de l'Extrême-Orient. Les équipages de cette escadre seraient fournis par le recrutement de la marine indigène, qui trouvera d'excellents éléments dans un pays où une bonne partie de la population vit sur l'eau. Les cadres, les états-majors et les hommes de spécialités seulement seraient envoyés de France pour les effectifs selon les besoins du service, et de cette façon notre escadre de l'Extrême-Orient, pouvant être mobilisée sur place aussitôt après la déclaration de guerre, commencerait immédiatement ses opérations offensives après avoir puisé dans l'armée du Tonkin les éléments d'un excellent corps de débarquement.

« Cette organisation nous permettrait en outre *de tourner à l'avance cette barrière infranchissable*... et qui, constituée par les nombreuses stations et les croisières anglaises échelonnées sur les deux routes d'Europe aux Indes, dépourvues de tout port de relâche et ravitaillement pour nos navires sur plusieurs milliers de lieues, fermerait entièrement à notre flotte le vaste bassin de l'Océan Indien, son vrai champ de bataille cependant en dehors de la Méditerranée, parce que là se trouvent les clefs du trésor britannique et les ressources de sa puissance et de ses forces vitales. »

Si on est parvenu à montrer, comme on l'espère, que la France retire de ses colonies, outre des avantages commerciaux fort appréciables, des avantages moraux d'une haute valeur qui assurent son influence, sa grandeur et sa force dans le monde, on a dès maintenant répondu, et comme par avance, à deux arguments sur lesquels les adversaires de la politique coloniale ne manquent pas d'insister.

La Suisse et la Norwège, disent-ils d'abord, ne possèdent pas de colonies, et cependant la première a, comparativement à son étendue, un commerce plus important que celui de notre pays, tandis que la seconde peut s'enorgueillir d'une marine marchande plus puissante.

Ce sont là des faits, des chiffres, dont on ne saurait contester l'exactitude ; mais quelqu'un tenterait-il de soutenir que la France avec les expéditions sur tous les points du globe qui remplissent son histoire et sont l'honneur de la marine militaire, avec ses colonies qui parlent sa langue, et mettent son drapeau en sentinelle sur les principaux points stratégiques des mers, ne fait pas dans le monde une autre figure que la Suisse ou la Norwège ? Regretter que la France ne soit pas une « grande Suisse », n'est-ce pas renier plusieurs siècles d'une histoire glorieuse et méconnaître les destinées de notre pays ?

Le second argument des adversaires de la politique coloniale, qui peut séduire un instant sous sa forme spécieuse les esprits non prévenus, ne saurait cependant convaincre personne : Pourquoi la France entreprend-elle des expéditions militaires coûteuses dans le but de s'assurer des colonies qui imposeront ensuite à son budget des charges d'entretien, alors que l'émigration libre de ses nationaux lui a depuis longtemps déjà assuré, sans expéditions et sans dépenses, d'importantes « colonies de commerce » au milieu des États des deux Amériques ?

On ne saurait nier, et c'est ce qui paraît donner à l'argument une certaine valeur, que les Français qui, au nombre de 250,000 et peut-être de 300,000, ont quitté leur pays dans le cours de ce siècle pour aller s'établir aux États-Unis, au Mexique, au Brésil, dans la République argentine, dans l'Uruguay, au Pérou..., ont contribué pour une large part au développement du commerce et de l'influence française dans ces pays. Notre industrie et notre commerce ont réalisé, grâce à eux, des bénéfices considérables.

Si aujourd'hui les importations des marchandises françaises atteignent annuellement 350 millions aux États-Unis, malgré un tarif douanier très élevé, 106 millions dans la République argentine, 66 millions et demi au Brésil, 25 millions dans la Nouvelle-Grenade, 24 millions au Mexique, 18 millions dans l'Uruguay, il n'est pas douteux que ce résultat est dû pour une très grande partie à nos émigrants qui ont apporté et répandu dans ces pays le goût des produits français.

Mais si notre industrie retire de cette émigration des avantages certains, peut-on dire qu'il en soit de même de la *patrie française*?

En premier lieu, il faut, en effet, remarquer que les Français qui se sont rendus dans les deux Amériques ont employé leur énergie, leur activité, leur intelligence, leurs capitaux, à la mise en valeur des pays étrangers et non à celle des possessions françaises. Ainsi, et pour citer un exemple, la « colonie française de la République argentine » a été la cause première de la richesse de ce pays, puisque ce sont des Français qui, au début, y ont entrepris l'élevage du mouton : quel avantage la *patrie française* a-t-elle retiré de la création de cette industrie sur une terre étrangère? Tout au contraire, c'est la *patrie française* qui bénéficie directement des plantations de vignes et des autres cultures faites en Algérie par nos colons.

D'un autre côté, les colonies françaises qui se fondent à l'étranger, celles que l'on appellera les « colonies libres », sont pour la métropole d'une *utilité morale* bien moindre que celles qui se fondent sur un territoire appartenant à la France, c'est-à-dire les « colonies administratives ». Dans celles-ci des fonctionnaires et des colons français assimilent peu à peu les races indigènes; et ainsi se développe à l'abri du drapeau une petite France qui conserve à travers toutes les luttes, toutes les épreuves et même tous les revers, un ardent amour pour sa patrie d'origine. Au contraire dans une colonie fondée par des Français au milieu d'un pays étranger, l'idée et l'amour de la patrie s'effacent assez rapidement des esprits, la langue se perd, et les fils des Français nés dans le nouveau monde ne sont plus des Français, mais des Américains ou des Argentins. Perdus au milieu des Américains, des Brésiliens ou des Argentins, les colons français établis sans esprit de retour oublient leur langue, entrent dans des familles du pays, se font naturaliser. Aux États-Unis l'étranger est amené à demander la naturalisation américaine, condition indispensable pour obtenir la pleine jouissance des droits civils ordinaires, sans lesquels il lui serait impossible d'ester en justice ou même d'acquérir des propriétés. Dans tous les États des deux Amériques existe une même loi qui impose au fils de l'étranger la nationalité du pays où il est né. C'est ainsi que les fils des Français établis aux États-Unis ou dans l'Argentine naissent Américains ou Argentins.

On voit que nos « colonies libres », bien loin de s'étendre et d'amener à la France les populations au milieu desquelles elles vivent, se laissent assimiler et, dans un temps assez court, cesseront d'être des points de repère français disséminés sur le globe. On évalue aujourd'hui à 100,000 le nombre des Français qui sont établis dans la République Argentine; mais que restera-t-il de cette importante « colonie » dans cinquante ans, lorsque les fils de nos émigrants seront devenus des Argentins? Ce jour-là on pourra dire que la France a perdu 100,000 citoyens, 100,000 colons, dont l'activité aurait singulièrement enrichi nos possessions d'outre-mer.

On peut maintenant juger de la différence qui existe entre les « colonies libres » et les « colonies administratives ». Les premières ont certainement une *utilité matérielle* incontestable, elles ouvrent des marchés importants à notre industrie ; mais les secondes, outre cette *utilité matérielle* qu'elles peuvent avoir au même degré que les premières, ont une *utilité morale et militaire* considérable pour la *patrie française*.

Si nos « colonies administratives » paraissent avoir aujourd'hui une *utilité commerciale* beaucoup moins grande que nos « colonies libres », cela tient à ce que les premières sont établies dans des pays neufs, habités par des noirs paresseux qui n'ont encore qu'une production fort restreinte, alors que les secondes sont établies au contraire au milieu de populations d'origine européenne beaucoup plus avancées et beaucoup plus intelligentes.

Ces populations, d'autre part, ont tous les besoins de l'Europe et apprennent à augmenter leur production agricole pour l'échanger en quantité considérable contre ses produits manufacturés.

Il n'est pas douteux d'ailleurs pour les esprits réfléchis ayant observé les progrès considérables réalisés dans ce siècle par les deux Amériques et par l'Australie, que le Sénégal, le Gabon, le Congo, Madagascar, l'Indo-Chine et l'Océanie, entreront à leur tour dans une ère de développement au siècle prochain. Leur production et leur consommation atteindront des chiffres très élevés. Alors augmentera nécessairement la part de la France dans le commerce de ces pays ; nous recueillerons les fruits que nous aurons semés, et alors aussi apparaîtra jusqu'à l'évidence l'*utilité matérielle* de nos « colonies administratives ». Elles continueront en outre à assurer à notre pays des avantages moraux et militaires de la plus haute valeur.

Est-ce à dire que nous devons faire des expéditions lointaines et coûteuses alors que la situation commande de garder notre armée et nos navires à portée de mobilisation, et que nos finances subissent une crise? Est-ce à dire que nous devons charger outre mesure les générations présentes au profit des générations futures ? Non, certainement ; c'est aux gouvernements et aux législateurs de savoir quand il est opportun de mettre une politique en œuvre ou de la maintenir à l'état d'expectative. C'est à eux surtout d'éviter les aventures et de n'agir que dans la limite où ils peuvent, à la fois, ne rien compromettre de nos intérêts les plus prochains et opérer dans de bonnes conditions, en connaissance de cause et à coup sûr.

XVI

CE QUE COUTENT NOS COLONIES

Objection tirée de l'élévation du chiffre du budget des colonies. — Étude de ce budget. — Il est de 24 milions. — Dépenses coloniales inscrites dans le budget « marine ». — Troupes et flottilles. — Un budget ordinaire de 46 millions.

Comparaison avec le budget des colonies anglaises. — Il n'est que de 53 milions. — Le système financier anglais. — Les dépenses extraordinaires des colonies en France et en Angleterre. — Les emprunts des colonies anglaises. — Grande sécurité qu'offrent ces emprunts. — Intérêt annuel qu'ils rapportent aux rentiers anglais. — Les colonies françaises n'empruntent pas. — Charges qu'elles imposent à la métropole. — Le chemin de fer du Sénégal. — Le chemin de fer et le port de la Réunion. — Dépense extraordinaire de plus de 23 millions à la fin de 1886.

Réponse à l'objection. — Les devoirs d'une métropole vis-à-vis de ses colonies. — Différence entre le degré de richesse où sont parvenues les colonies anglaises et françaises. — Nécessité pour une métropole de supporter quelques dépenses pour ses colonies. — Le budget des travaux publics.

Conclusion. — Un exemple à ne pas négliger.

Une dernière objection a quelquefois été présentée par les adversaires de l'expansion coloniale de la France : nos colonies sont une charge pour le budget métropolitain, et nous payons bien cher les avantages matériels et moraux qu'elles peuvent nous procurer.

Il convient donc de rechercher ce que coûtent à notre pays ses colonies afin de juger la valeur de la nouvelle objection.

Le « budget des colonies » (ministère de la marine et des colonies, « service colonial ») s'élève en 1885 à 34,720,000 francs.

On doit tout d'abord déduire de ce chiffre 7,480,000 francs qui représentent les frais du service pénitentiaire à la Guyane et à la Nouvelle-Calédonie. Ce service profite, en effet, incontestablement à la métropole, puisqu'elle serait dans l'obligation, si elle n'entretenait pas ses condamnés au dehors, de pourvoir à leurs besoins dans les prisons de l'intérieur.

Il reste 27,240,000 francs desquels il faut retrancher les sommes que deux colonies versent dans le trésor métropolitain : les Établissements français de l'Inde 1 million, et la Cochinchine 2 millions (1).

Le budget des colonies ne s'élève donc plus qu'à 24,240,000 francs.

Ce crédit réparti en plusieurs chapitres couvre les dépenses de l'administration civile, de la justice, des cultes, du Haut-Fleuve, du commissariat de la marine, des chemins de fer coloniaux et du port de la Réunion, des troupes indigènes et enfin du service des vivres et des hôpitaux pour les troupes venues de France. Il comprend aussi les « subventions au service local » des colonies.

Mais pour présenter exactement le budget des colonies, leur coût réel, il faut ajouter à ce total de 24,240,000 francs certains crédits ouverts à divers chapitres du ministère de la marine « service marine », les deux services étant souvent confondus :

(1) Il convient de remarquer que si les 2 millions de la Cochinchine sont un véritable « contingent » prélevé tous les ans par la colonie sur ses recettes, il n'en est pas de même du million de l'Inde. Cette somme est « une rente » de « 4 lacs de roupies sicca » que le gouvernement anglais des Indes paye annuellement à la France depuis une convention signée en 1815. La France s'engageait dans cette convention à affermer au gouvernement anglais le privilège exclusif d'acheter le sel fabriqué dans les possessions françaises. Trois ans après elle s'engagea, par une seconde convention, à interdire la fabrication du sel sur son territoire. — On ne saurait méconnaître que ces deux actes diplomatiques ont ruiné l'industrie du sel dans nos comptoirs, où elle était très prospère au siècle dernier et au début de celui-ci.

Fournitures générales, environ 24,000 francs.

Infanterie de marine en garnison dans les colonies : officiers et troupe, — les dépenses exigées par la transportation défalquées, 3,533,000 francs.

Artillerie de marine : officiers et troupe, 865,000 francs.

Compagnie de discipline, 54,000 francs.

Habillement des troupes aux colonies, celles de la transportation non comprises, 515,000 francs.

Casernement, environ 390,000 francs.

Dépenses diverses pour les troupes, 51,000 francs (1).

Médecins des troupes aux colonies, environ 50,000 francs.

Service de l'inspection aux colonies, environ 280,000 francs.

Transports en Cochinchine et dans les autres colonies, — non compris les transports à voiles employés pour la transportation, 5,064,000 francs.

Bâtiments des stations locales : Guyane, 400,000 francs ; — Gabon et Établissements du golfe de Guinée, 567,000 francs ; — Sénégal et Rivières du Sud, 1,198,000 francs ; — Tahiti, 837,000 francs ; — Cochinchine, 1,747,000 francs ; — Réunion, 393,000 francs ; — Nouvelle-Calédonie (l'augmentation causée par la surveillance des transportés ne peut être déduite), 1,335,000 francs : — soit un total de 6,477,000 francs pour les dépenses du personnel et du matériel. D'autre part les dépenses « d'entretien » des navires de ces stations s'élèvent à une somme de 2,848,000 francs. — C'est donc un total général de 9,325,000 francs.

Frais de passage et de pilotage dans le canal de Suez, environ 400,000 francs.

On ne doit pas compter dans le budget des colonies les

(1) On n'a compté dans aucun de ces articles les dépenses occasionnées par la transportation. Elles s'élèvent à environ 264,000 francs, soit 226,000 francs pour l'infanterie de marine (officiers et troupe), — 28,000 francs pour l'habillement, — 10,000 francs pour le casernement, etc... Quant aux frais de nourriture et d'hospitalisation de ces troupes, ils sont inscrits dans les articles du budget « service colonial ».

dépenses occasionnées par les « divisions navales » qui parcourent toutes les mers montant notre pavillon, protégeant notre commerce. Elles ne sont d'aucune utilité pour nos établissements, et l'on peut penser qu'elles existeraient sans eux. Elles ne les visitent guère que pour s'y ravitailler (1). Il faut excepter toutefois la division du Pacifique, qui fréquente et protège nos Établissements océaniens. Aussi semble-t-il juste d'inscrire dans le budget des colonies le tiers environ de la dépense de cette division, soit une somme totale de 1,300,000 francs (personnel, matériel, et entretien).

Ainsi calculé, le *budget ordinaire* des colonies s'élève en 1885 à 46 millions (46,091,000 francs).

La comparaison avec le budget des colonies anglaises est loin d'être favorable, il faut le reconnaître. Celles-ci, avec leur population de 268,237,000 habitants, ne coûtent à la métropole que 54 millions et demi de francs (54,519,000 francs) par an, services militaires, maritimes et civils compris (2). C'est donc une dépense pour la Grande-Bretagne de 20 centimes par tête alors que chacun de ses sujets ou protégés coûte à la France 16 fr. 41.

Voici des chiffres sur lesquels il convient d'attirer l'attention. Tandis que la France supporte dans toutes ses colonies, en totalité ou en partie, les dépenses de l'armée, de la flottille, de l'administration, de la justice, du clergé... etc., la Grande-Bretagne laisse la plus grande part de toutes ces dépenses à la charge des « budgets coloniaux ».

(1) C'est obéissant à cette considération que l'on ne fait point entrer dans le budget des colonies les dépenses occasionnées par l'arsenal de Saïgon (3 millions en 1885) : il ne profite qu'à notre marine militaire.
(2) Dépenses des services militaires : 1,816,762 liv. st. ; — dépenses des services maritimes : 308,385 liv. st. ; — dépenses des services civils : 55,613 liv. st. — Ces chiffres sont extraits des budgets de l'Armée, de la Marine et des Services civils pour l'exercice 1885-1886.

C'est ainsi que le budget anglais de l'armée ne prévoit aucun crédit pour l'Inde, le Canada, Antigoa, l'Australie, les îles du Pacifique, et que les budgets de la marine et des services civils ne supportent eux aussi aucune charge pour diverses colonies. Les établissements pour lesquels le Parlement anglais vote les sommes les plus importantes sont des colonies militaires, Gibraltar, Malte, Chypre, les Bermudes, Halifax, Hong-Kong, abris pour la marine de commerce et points de domination sur toutes les mers.

L'étude comparée des « budgets pour les colonies » anglais et français conduit en outre à une observation très importante : — tandis que le budget anglais ne prévoit que des *dépenses ordinaires*, — le budget français, sous son titre même de « budget ordinaire », cache de véritables *dépenses extraordinaires*. C'est ainsi que le budget de 1885 contient un crédit de 660,000 francs pour « avances aux compagnies de chemins de fer coloniaux et du port de la Réunion », et un autre crédit de 974,000 francs pour « frais d'exploitation et de contrôle du chemin de fer de Dakar à Saint-Louis ».

Cette observation amène naturellement à indiquer la profonde différence qui existe entre les systèmes financiers des gouvernements anglais et français vis-à-vis de leurs possessions d'outre-mer en ce qui concerne les *dépenses extraordinaires* des colonies. Le gouvernement britannique qui, on l'a vu, contribue dans une si faible part aux *dépenses ordinaires* de ses colonies, a pour principe de ne les aider en rien dans leurs *dépenses extraordinaires*. Celles-ci sont donc obligées d'avoir recours à l'emprunt pour faire face aux dépenses nécessitées par les grands travaux publics, la construction des chemins de fer et des ports, — toutes choses qui constituent en quelque sorte le compte de premier établissement d'une entreprise coloniale et assurent son prompt développement. Ces emprunts sont contractés sur le marché de Londres — quelquefois et pour certaines colonies avec la garantie du gouvernement métropolitain — aux taux de 4 1/4 et 4 1/2 pour 100. On n'évalue pas aujourd'hui à moins de 262 millions de livres sterling, soit 6 milliards 550 millions de francs, la somme des capitaux anglais engagés dans les emprunts coloniaux. Dans cette somme l'Inde est comprise pour 100,000,000 livres sterling, — le Canada pour 30,000,000, — Victoria pour 25,000,000, — le Cap pour 20,000,000, — la Nouvelle-Galles du Sud pour une somme égale... etc..., et la Nouvelle-Zélande, la plus jeune des colonies de peuplement de l'Empire britannique, pour 29,000,000 empruntés à 4 1/8 pour 100. Il faut ajouter que les emprunts des gouvernements coloniaux offrent la plus grande sécurité ; ils sont négociés journellement au « Stock Exchange » au-dessus du pair, et plusieurs États, parmi lesquels la Nouvelle-Zélande, ont déjà fait des conversions pour réduire l'intérêt de leur dette (1).

La Grande-Bretagne retire du système financier qu'elle a adopté pour ses colonies un double avantage : d'abord son propre budget ne se trouve grevé par aucune lourde dépense coloniale, et ensuite, les gouvernements coloniaux faisant leurs emprunts sur le marché de Londres, ce sont des rentiers anglais qui touchent chaque année l'intérêt des sommes prêtées. On estime que cet intérêt s'élève, pour un

---

(1) « *The Economist.* » Etude sur les placements de l'Angleterre dans ses colonies, publiée en janvier et février 1884.

Un grand journal financier anglais écrivait il y a quelques mois : « Il y a à Londres une telle pléthore de capitaux qu'on s'y embarque volontiers dans toute émission de titres présentant quelques éléments de stabilité. On l'a vu l'autre jour lorsque la colonie de Victoria fit appel au crédit pour 4,000,000 de liv. st. et reçut pour plus de 11,000,000 liv. st. de souscriptions; et de nouveau lorsque celle de Queensland offrit 2,500,000 liv. st. au public et trouva des scuscripteurs pour 3,900,000 liv. st. »

capital emprunt de 262 millions de livres sterling, à environ 11,380,000 livres, soit 284,500,000 francs.

Le système financier du gouvernement français est malheureusement loin de présenter des avantages aussi appréciables : il fait peser au contraire des charges assez lourdes sur le budget métropolitain. Le ministère des colonies n'a jamais laissé aucune de nos possessions dans la nécessité de faire appel au crédit public pour subvenir à ses dépenses d'outillage économique. On a vu quelques-unes d'entre elles s'adresser pour de faibles emprunts à la Caisse des dépôts et consignations, mais le plus souvent, — et l'on pourrait même écrire que c'est une règle pour nos colonies, — celles-ci s'adressent au budget métropolitain pour se procurer les sommes dont elles ont besoin. Quand elles les obtiennent sous forme de « subvention au service local », elles les gardent sans le moindre esprit de restitution.

L'étude de nos derniers budgets montre que les Chambres, en adoptant sans un contrôle sévère les propositions du ministère de la marine, ont fait supporter de lourdes dépenses au budget métropolitain et même ont engagé l'avenir.

Au Sénégal on vient de construire un chemin de fer qui relie Dakar à Saint-Louis. Il est en exploitation depuis quelques mois, et on peut espérer qu'il aidera largement au développement du commerce de notre colonie. Mais la compagnie concessionnaire ne pouvait entreprendre la construction et l'exploitation d'une voie ferrée dans ce pays, sans être assurée d'un puissant concours financier. Si les compagnies des chemins de fer algériens et tunisiens demandent à l'État de leur assurer une garantie d'intérêts pour trouver des actionnaires, on doit reconnaître qu'une compagnie de chemin de fer sénégalais pouvait demander plus encore. A la fin de l'exercice 1885 il aura été versé par le Trésor français pour cette entreprise une somme de plus de 15 millions (15,062,087 francs). Le budget de 1886 prévoit une nouvelle dépense de 3,153,502 francs. C'est donc un total de 18,215,589 francs (1). Encore faut-il ajouter que dans la convention intervenue entre l'État et la Compagnie, celui-ci ayant garanti pendant 99 ans un revenu minimum kilométrique et pris à sa charge les dépenses d'entretien et d'exploitation, la direction des colonies estime que l'on devra prévoir pour ces charges dans les budgets suivants une dépense annuelle d'environ 2,933,502 francs (2). Il est vrai que la compagnie concessionnaire s'est engagée à rembourser à l'État au fur et à mesure de ses bénéfices toutes les sommes qu'il aura versées soit à titre d'avances, soit à titre de garantie d'intérêt; mais n'est-il pas certain que ces bénéfices se feront longtemps attendre ?

Ainsi l'État aura supporté pour la construction et l'exploitation d'un chemin de fer au Sénégal une première dépense de plus de 18 millions et devra supporter encore pendant de nombreuses années une autre dépense annuelle de près de 3 millions. Quant à la colonie qui bénéficiera de l'accroissement du commerce provoqué par cette voie ferrée, elle n'a pris à sa charge aucune part, même minime, de ces dépenses ou de ces engagements.

Une autre colonie, — la Réunion, — obtenait en même temps que le Sénégal le concours du budget métropolitain. « La Compagnie du port et du chemin de fer de la Réunion » a reçu aujourd'hui pour le payement des intérêts dus à ses actionnaires et obligataires une avance de 4 millions faite par le budget français. La dernière part de cette somme (660,000 francs) est inscrite dans le budget ordinaire de

(1) Le premier crédit est inscrit au « budget extraordinaire » de 1883 ; depuis cette date les différents crédits votés ont été inscrits à « l'ordinaire » ou à « l'extraordinaire ». Ainsi en 1885 le « budget ordinaire » des colonies dont il a été parlé plus haut prévoit une dépense de 1,234,000 fr., et le « budget extraordinaire » une autre dépense de 4,760,000 fr.

(2) Budget de 1886 et rapport de M. de Lanessan.

1885. En outre l'État ayant garanti aux obligataires une recette annuelle de 2,495,000 francs qui ne sera certainement pas atteinte par la Compagnie pendant un certain nombre d'années, il convient de prévoir de ce chef une dépense annuelle d'une certaine importance. La colonie en supportera une part, — 160,000 francs par an au maximum ; — mais, malgré ce concours, la charge de l'État restera lourde : elle est estimée pour l'exercice 1886 à 1,134,000 francs. Faut-il ajouter que le remboursement des avances et des annuités de garanties mis à la charge de la Compagnie ne sera pas effectué dans un avenir prochain ?

On le voit par ces chiffres, la France supporte du fait de ses colonies de grosses dépenses extraordinaires, qui, si le système financier de la Grande-Bretagne était adopté chez nous, ne devraient pas figurer dans le budget métropolitain. A la fin de 1885 les dépenses — présentées sous le nom d' « avances », — occasionnées par les chemins de fer du Sénégal et de la Réunion et le port de cette île, se seront élevées à plus de 19 millions (19,062,087 fr.). Elles sont prévues dans le budget de 1886 pour une nouvelle somme de 4,287,502 francs, et l'on sait dès maintenant qu'elles sont évaluées pour les exercices suivants à environ 4,067,502 francs (1).

On n'a pas voulu dire, en faisant cette comparaison entre « les budgets pour les colonies » de la France et de

---

(1) On n'a point fait entrer ici en ligne de compte les sommes dépensées dans l'entreprise du « chemin de fer du Haut-Fleuve », parce que c'était là une œuvre trop coûteuse, d'un rapport trop hypothétique et trop éloigné pour que la colonie du Sénégal pût jamais songer à la réaliser à ses frais.

Le but que l'on voulait atteindre était de relier par une voie ferrée le Sénégal au Niger. — Le Parlement a dû y renoncer l'année dernière, devant l'énormité des dépenses et les difficultés de l'enl'Angleterre, que le coût de nos établissements d'outremer condamne leur existence. Une telle conclusion ne peut appartenir qu'aux adversaires systématiques de toute politique d'expansion nationale. Ceux-ci ne voudront pas mettre ces dépenses en balance avec les avantages que notre commerce et nos flottes militaires retirent de nos colonies, l'influence, l'honneur, la gloire qu'elles assurent à la France dans le monde; toutes ces choses ne pouvant se traduire par un chiffre, ils n'en seront point touchés. Les esprits sans passion reconnaîtront au contraire, avec les hommes d'État et les économistes, que les colonies coûtent pendant très longtemps à la mère patrie. Dans une colonie naissante celle-ci peut être amenée à supporter certains frais de premier établissement, et dans une vieille colonie elle a quelquefois intérêt à conserver encore une partie des frais d'administration. L'Angleterre semble ne pas avoir obéi à ces principes, mais il est à remarquer que la plupart de ses possessions, le Canada, l'Inde, l'Australie, la Nouvelle-Zélande, se sont développées dans des conditions particulièrement favorables que n'ont point rencontrées les possessions de la France (1). Il serait certainement injuste de demander au Sénégal et à la Réunion de supporter tout entières leurs dépenses de premier établissement. La métropole devait les aider dans une cer-

treprise, et le budget de 1885 ne contient plus qu'un crédit de 1,992,523 fr. pour « frais d'occupation du Haut Sénégal. » — Au 31 décembre 1884, « le Haut-Fleuve » avait coûté tant aux budgets ordinaires qu'aux budgets extraordinaires de 1879, 80, 81, 82, 83 et 84, la somme de 27,165,943 fr.

Le chemin de fer est bien loin d'être achevé, mais une ligne de forts relie le Sénégal au Niger et le pavillon français flotte à Bamakou.

(1) On pourrait aussi remarquer que si des tendances séparatistes se font jour dans certaines colonies britanniques, cela tient à ce que la métropole, en les laissant se suffire à elles-mêmes, sans garder à sa charge la moindre dépense d'administration, a rompu un lien qu'il était peut-être nécessaire de conserver.

taine limite : il est seulement permis de penser que cette limite a été dépassée (1).

Ne peut-on pas encore ajouter que chaque jour les gouvernements emploient des sommes importantes à faire des canaux et des routes qui ne leur rapportent aucun profit direct ? Le budget *ordinaire* des travaux publics s'élève pour l'exercice 1885 à 153 millions (152,940,000 fr.) et le budget *extraordinaire* à 102 millions. Les dépenses faites pour les routes, les canaux, les chemins de fer et les ports ne rentrent jamais au Trésor d'une manière directe, mais elles augmentent la richesse du pays, favorisent son commerce, étendent ses débouchés. Il en est de même des subventions accordées par la métropole aux colonies : elles ouvrent des marchés nouveaux, accroissent la circulation des marchandises et l'activité de l'industrie.

Il faut donc conclure de cette étude comparative entre les budgets anglais et français que si nos colonies ne sont

(1) On ne saurait traiter ici cette question avec plus de détails; il suffit de l'avoir indiquée. Toutefois on remarquera que les colonies anglaises ne négligent pas de s'assurer par les douanes ou par l'impôt des ressources plus importantes que les nôtres. Elles se trouvent ainsi en mesure de pourvoir elles-mêmes à leurs dépenses de travaux publics et au service, — intérêt et amortissement, — de leurs emprunts.

On a dit plus haut que les droits de douanes perçus au Sénégal étaient très modérés : 15 p. 100 sur les armes; 10 p. 100 sur les tabacs ; 5 p. 100 sur les autres marchandises. Dans la colonie anglaise de Lagos les droits sont sensiblement plus élevés et ils ne paraissent pas entraver le développement du commerce : Bière 10 fr. 31 l'hectolitre ; — sel 6 fr. 15 les 1,000 kilogs ; — fusils 4 fr. 25 la pièce ; — tabac 0 fr. 46 le kilog. ; — spiritueux, eaux-de-vie et vins 13 fr. 75 ou 27 fr. 51 l'hectolitre; — articles non dénommés 4 p. 100 *ad valorem*.

En 1883 le budget des recettes de l'île de la Réunion, peuplée de 169,000 habitants, s'élève (ressources provenant de l'impôt et ressources ne provenant pas de l'impôt) à 3,967,000 francs, soit une moyenne de 23 fr. 45 par tête. — La même année le budget de l'île Maurice, peuplée de 350,000 habitants, s'élève (ressources provenant de l'impôt et ressources ne provenant pas de l'impôt) à 20,517,000 francs, soit une moyenne de 57 francs par tête.

pas encore suffisamment riches pour vivre de leurs propres ressources, il importe cependant que nos hommes politiques et nos administrateurs ne négligent pas l'exemple donné par le système financier de la Grande-Bretagne. La France supporte aujourd'hui pour ses colonies des dépenses *ordinaires* et *extraordinaires* trop considérables : il convient de les réduire peu à peu jusqu'à un chiffre beaucoup moins élevé et surtout de n'en pas admettre de nouvelles. C'est pour cette raison que l'on a demandé plus haut l'établissement économique du Protectorat français au Tonkin.

XVII

DESIDERATA

Les colons et les capitaux dans les colonies françaises.
L'émigration anglaise, allemande et française. — Les Français dans leurs colonies. — Colonies intertropicales. — L' « élément dirigeant » et l' « élément dirigé ». — L'émigration en Nouvelle-Calédonie et à Tahiti. — L'obstacle de la transportation au développement de la colonisation libre. — Comment on peut encourager l'émigration française. — Exemples donnés par les colonies australasiennes. — Le marquis de Ray. — Influence heureuse qu'une émigration française aurait dans nos colonies.
Les capitaux français. — Où ils vont. — La richesse des pays neufs. — Dividendes des banques australiennes. — Dividendes des banques françaises. — Bénéfices des maisons françaises en Afrique. — Cherté de l'argent dans nos colonies. — Les banques de comptes courants en Australie. — Ignorance et timidité des rentiers français. — Hardiesse des rentiers anglais. — Capitaux britanniques engagés dans les colonies de la Grande-Bretagne. — Tribut payé par ces colonies à leur métropole. — Publications de vulgarisation que doit entreprendre le ministère des colonies.
Les « Musées commerciaux coloniaux ». — Le musée du Palais de l'Industrie. — Son utilité. — Les musées dans les colonies. Les tarifs douaniers.

Conclusions. — Les colonies anglaises et les colonies françaises. — Nos colonies dans des « pays neufs ». — Leur avenir au siècle prochain. — Avenir de l'Afrique et de l'Asie. — Nécessité pour notre industrie de s'outiller pour la lutte. — La « *politique coloniale de demain* ». — Plus de conquêtes. — Mise en valeur du patrimoine national.

On a vu au cours de cet ouvrage que deux choses manquaient dans plusieurs de nos colonies : les colons sont trop peu nombreux, et surtout les capitaux français insuffisants.

Tandis que la population de la Grande-Bretagne augmente en moyenne chaque année de 450,000 individus et celle de l'Allemagne de 525,000, celle de la France suit une progression beaucoup moins rapide. En 1882 et 1883 l'excédent des naissances sur les décès s'élevait à 97 et à 96,000. L'émigration est naturellement proportionnelle à ces chiffres : en 1883, 397,000 Anglais, Ecossais ou Irlandais ont quitté le Royaume-Uni; en 1882 plus de 210,000 Allemands ont quitté l'Empire. La même année 20,000 Français seulement ont émigré (1), et bien peu dans ce nombre se sont rendus dans nos établissements d'outre-mer; presque tous allaient dans l'Amérique du Sud, aux États-Unis, en Espagne, en Algérie...

Cette dernière constatation mérite d'être expliquée, car certains esprits en font un argument contre la politique coloniale et déclarent que « le Français n'est pas colonisateur dans ses propres colonies ».

La vérité est que la France ne possède pas, comme l'Angleterre, de grandes « colonies agricoles et de peuplement » semblables au Canada, au Cap, à l'Australie, à la Nouvelle-Zélande. Toutes ses possessions, si l'on excepte l'Algérie, la

(1) Ce chiffre n'est point officiel. Les statistiques de l'émigration publiées par le ministère de l'intérieur n'accusent en 1882 que 4,858 émigrants, mais elles sont fort incomplètes. Ainsi elles négligent les passagers embarqués dans l'entrepont des navires des Messageries maritimes, et ne considèrent pas comme « émigrants » ceux qui se rendent en Algérie et dans nos colonies. — D'un autre côté, tandis que, d'après ces chiffres officiels, il ne serait parti de nos ports en 1882 que 2,737 Français à destination des Etats-Unis, et 1,189 à destination de la République argentine, les statistiques américaines et argentines pour la même année accusent l'arrivée aux Etats-Unis de 5,560 et dans l'Argentine de 3,382 émigrants français.

Devant des omissions et des erreurs aussi grosses, on a cherché la vérité dans les statistiques étrangères et dans les statistiques coloniales et l'on croit pouvoir évaluer l'émigration française à une moyenne annuelle de 20,000 individus.

Nouvelle-Calédonie et Tahiti, sont situées dans les régions intertropicales; et l'on sait que les Européens vivent mal sous le climat torride, s'y reproduisent peu. Il est donc naturel que les Français ne se portent pas en grand nombre dans nos colonies du Sénégal, du Gabon et de la Cochinchine. Mais il convient d'ajouter, et c'est ce que les esprits auxquels on répond ici ne veulent pas voir, qu'il n'est point nécessaire que les Européens viennent en nombre dans ces colonies. On l'a déjà remarqué plus haut, le Sénégal, le Gabon, les Établissements de la côte d'Afrique, la Cochinchine, le Tonkin, sont des « colonies de commerce et d'exploitation » dans lesquelles il suffit que quelques centaines de Français s'établissent banquiers, négociants, planteurs, industriels pour former « l'élément dirigeant ». « L'élément dirigé » est la population indigène, qui récolte l'arachide, le riz ou l'indigo, recueille le caoutchouc, recherche l'ivoire, la poudre d'or et les bois précieux. Aussi peut-on estimer que les colons français sont en nombre suffisant dans nos colonies intertropicales, si l'on excepte le Gabon, comptoir tout nouveau et dont l'importance date seulement d'hier. Les Anglais ne se rendent pas dans leurs colonies intertropicales plus que nous dans les nôtres, et l'on a même vu, fait très digne de remarque, que comparativement au chiffre de la population indigène les Français sont plus nombreux en Cochinchine que les Anglais dans l'Inde.

C'est donc seulement lorsque l'on parle de la Nouvelle-Calédonie et de Tahiti, — îles d'un climat assez tempéré pour que les Européens s'y acclimatent et s'y reproduisent comme en Australie et en Nouvelle-Zélande, — que l'on peut regretter que les immigrants français se portent en si petit nombre dans nos colonies (1).

(1) On n'a pas à parler ici de l'Algérie. D'ailleurs il est généralement reconnu que les progrès de cette colonie, quoiqu'ils aient été

Il est permis de penser que l'on verrait cette situation se modifier dans un temps assez court, si l'administration coloniale plus soucieuse, à l'avenir, des vrais intérêts du pays, voulait s'en préoccuper. Il lui serait facile de diriger vers nos colonies les Français entreprenants qui, riches de connaissances techniques ou de capitaux, s'expatrient sans esprit de retour ou avec le désir de ne rentrer à leur foyer qu'après une absence de vingt ou trente ans, aux abords de la vieillesse et leur fortune faite.

Cette question de l'émigration libre a déjà été traitée dans le chapitre consacré à la Nouvelle-Calédonie. On a dit que la transportation avait donné à cette terre un mauvais renom et que le voisinage, la cohabitation inévitable avec les forçats, en éloignait beaucoup d'honnêtes gens. On a montré encore que l'administration coloniale commettait une faute en envoyant dans cette île, sous le nom de colons, des malheureux sans ressources, presque des indigents. L'exemple merveilleux de la colonisation de l'Australie est cependant à côté de nous (1). Il faut, d'ici peu d'années, supprimer la transportation en Nouvelle-Calédonie comme elle l'a été en Australie, car l'avenir de ce pays est dans la colonisation libre dont l'élément pénal arrêtera toujours le développement. Il faut aussi que les administrations locales de la Calédonie et de Tahiti, imitant l'exemple des co-

---

longtemps entravés par certaines mesures administratives maladroites, sont satisfaisants.

Quant à nos anciennes possessions des Antilles et de la Réunion, « colonies de plantations », la population y est suffisamment dense. La race blanche s'y est mélangée depuis plusieurs siècles avec les races noires d'Afrique pour y donner naissance à une race intermédiaire beaucoup plus nombreuse aujourd'hui que la population blanche pure.

(1) Il n'y a pas de plus intéressante étude que celle du développement de l'Australie. En moins d'un siècle ce continent est arrivé à un degré de prospérité inouïe : c'est le chef-d'œuvre de la colonisation anglaise.

lonies autralasiennes, entretiennent en France des agents de recrutement, y publient des brochures et des affiches. Elles apprendront ainsi aux familles de laboureurs et d'artisans quels avantages et quels salaires elles offrent, non aux malheureux qui ne sauraient exercer aucun état, mais aux travailleurs qui possèdent un petit pécule, ou une profession (1).

Un fait encore récent permet de penser que la propagande d'une Société d'émigration patronnée par le gouvernement réussirait à envoyer des colons dans nos possessions océaniennes. On a vu, il y a deux ans, comment un simple particulier, le marquis du Breuil de Ray, a pu envoyer dans une île inconnue de l'Océanie jusqu'à 800 personnes. Dans ce nombre étaient 100 à 200 Français : alors qu'un simple particulier détermine 200 Français à s'embarquer pour Port-Breton, et leur fait verser une partie de leurs économies en payement des terres qu'ils doivent recevoir à leur arrivée, n'est-il pas certain que des sociétés d'émigration autorisées, contrôlées par le gouvernement, ou fondées par les colonies elles-mêmes, attireraient des colons?

Nos émigrants se portent peu vers nos colonies parce qu'ils les ignorent, parce qu'ils ne savent pas les cultures qu'ils pourraient y entreprendre, les industries qu'ils pourraient y exercer ; si des hommes instruits sont obligés de rechercher ces détails dans des livres spéciaux, comment

---

(1) Quoique l'immigration australienne soit officiellement encouragée, nos voisins ont évité avec grande raison le système de la gratuité absolue qui prévaut chez nous : un service spécial pour recruter les émigrants est centralisé à Londres par le délégué de la colonie qui prononce sur l'admission de tous les individus se présentant. L'émigrant doit supporter le quart des frais de son passage. Il possède le plus souvent à son arrivée en Australie de 500 à 1000 fr., quelquefois 8 à 10,000 fr. Il trouve immédiatement du travail ; les terres ne lui sont pas données, mais vendues avec de grandes facilités de payement, ou louées.

parviendraient-ils jusqu'aux paysans, ou aux ouvriers ? Tout au contraire, les Basques sont naturellement amenés à se rendre dans l'Amérique du Sud, parce que leurs amis, leurs parents émigrés avant eux, les renseignent sur cette riche contrée et leur font connaître les emplois qu'ils trouveront, les gains qu'ils sont en droit d'attendre dans l'Uruguay ou l'Argentine.

On croit avoir montré dans un précédent chapitre qu'un émigrant français rend plus de services à son pays s'il porte son intelligence, son travail et ses capitaux dans une « colonie administrative » que s'il les porte dans une « colonie libre ». Il sera donc permis de conclure qu'il est du devoir du ministère des colonies de ne rien négliger pour faire connaître nos établissements d'outre-mer dans les couches profondes de la population : si chaque année 3 à 4,000 seulement des émigrants français qui vont s'établir aujourd'hui aux États-Unis et dans l'Amérique du Sud allaient travailler à la mise en valeur de la Nouvelle-Calédonie, des archipels océaniens ou de nos autres colonies, nous verrions en peu d'années progresser d'une façon sensible le mouvement des échanges de ces possessions avec la métropole et croître dans une grande proportion leur influence et leur richesse.

Les capitaux beaucoup plus que les colons manquent à nos colonies. On a vu que le commerce du Gabon était fait par des maisons anglaises et allemandes ; qu'en Cochinchine, en Nouvelle-Calédonie, à Tahiti, les capitaux étrangers étaient aussi abondants ou plus abondants que les capitaux français.

Ce n'est point cependant que la France soit pauvre ou que tous ses capitaux trouvent emploi chez elle. M. Leroy-

Beaulieu estime l'épargne annuelle de notre pays à 2 milliards et sa créance sur les nations étrangères du chef de ses exportations de capitaux à 20 ou 25 milliards. Malheureusement les rentiers et les capitalistes français portent leur argent partout excepté dans nos colonies. Ils construisent les chemins de fer espagnols, portugais, autrichiens, hongrois; ils ont une part considérable dans les fonds d'État italiens, autrichiens, hongrois, portugais, russes, belges, hollandais.

Ainsi placé, l'argent français ne rapporte pas à nos nationaux plus de 5 0/0, — 5 1/4 au maximum, à moins que l'on opère sur des valeurs de spéculation.

Dans nos établissements d'outre-mer il n'est pas téméraire de penser qu'il donnerait des bénéfices beaucoup plus considérables.

N'est-il pas évident, en effet, que les capitaux rapporteront plus dans des pays neufs et riches où l'argent est cher parce qu'il est rare, que dans des pays de vieille civilisation où l'argent est toujours abondant? Les observations faites par les économistes viennent à l'appui de cette opinion et d'un autre côté elle est confirmée par les résultats que l'on a observés dans plusieurs riches colonies. En Australie, par exemple, les premières banques anglaises qui s'établirent, — succursales de grands établissements financiers de Londres, — donnèrent souvent à leurs actionnaires 15 0/0 de l'argent versé. L'une d'elles, la Banque de la Nouvelle-Galles fondée avec des capitaux anglais et australiens, a même rapporté jusqu'à 30 et 35 0/0. Aujourd'hui que des banques uniquement australiennes se sont installées en concurrence avec les succursales des maisons de Londres, le dividende moyen de toutes ces banques est encore de 7 à 10 0/0.

Quelques chiffres montreront du reste ce que rapportent les capitaux actuellement placés dans nos colonies :

Les cinq banques privilégiées de la Guadeloupe, de la Martinique, de la Réunion, de la Guyane et du Sénégal ont été fondées en 1851 et 1853 ; leurs actions émises à 500 francs. Dans l'exercice 1883-84 elles ont rapporté 78 fr., — 70 fr., — 80 fr., — 94 fr. 05, — et 63 fr., ce qui représente sur le prix d'émission un dividende de 15 fr. 60, — 14 fr., — 16 fr., — 18 fr. 81, (1) — et 12 fr. 60 p. 100 du capital nominal.

La Banque de l'Indo-Chine fondée en 1879, ayant seulement le quart de son capital versé, soit 125 fr. par action, a distribué dans le même exercice 14 francs, soit un dividende de 11,20 p. 100.

Les maisons françaises établies sur les deux côtes d'Afrique réalisent des bénéfices importants qui dans certaines années s'élèvent jusqu'à 15 et 18 p. 100. Elles sont cependant exposées à des risques particuliers : les factoreries qu'elles possèdent sur une rivière peuvent être pillées ou brûlées pendant une guerre entre tribus ; un de leurs steamers peut s'abîmer sur la côte ou dans un fleuve, une baisse considérable peut peser pendant quelques mois en Europe sur les arachides ou le caoutchouc. Il est bien rare cependant que les bénéfices de ces maisons descendent au-dessous de 7 à 8 p. 100.

Enfin, s'il n'est pas possible de donner le détail des résultats obtenus dans les principales entreprises fondées dans nos colonies, on peut dire toutefois que les négociants établis en Cochinchine, en Calédonie, etc..., retirent un intérêt satisfaisant de leurs capitaux.

Il ne faudrait pas conclure assurément que l'argent placé dans nos possessions d'outre-mer ne court jamais de risques. A la Guyane, en Cochinchine et ailleurs, des sommes

(1) Si la Banque de la Guyane donne un dividende aussi élevé, c'est parce qu'elle fait des opérations sur le commerce de l'or. La situation misérable de la colonie ne l'atteint pas.

importantes ont pu être perdues dans des exploitations, des cultures, des industries mal conduites, ou ne convenant pas au pays dans lequel on les introduisait. Mais il reste certain que l'exploitation de nos colonies, — mines, forêts, cultures, industries, ou commerce, — est une des meilleures affaires dans lesquelles on peut engager les capitaux français.

L'argent est cher dans tous nos établissements : en Cochinchine le petit cultivateur propriétaire, exploité par les Chinois ou les riches Annamites, est obligé de payer l'argent dont il a besoin jusqu'à 3 et 4 p. 100 par mois, et l'intérêt légal atteint 12 p. 100 l'an; — à la Réunion le taux de l'intérêt commercial est de 11 et 12 p. 100; — en Nouvelle-Calédonie, à Tahiti, de 12 p. 100; — au Sénégal le prêt sur hypothèque ou sur billet se fait au taux de 10 et 12 p. 100, etc....

Il est permis de conclure de ces chiffres que les institutions de crédit ne sont pas assez nombreuses ou manquent même complètement dans nos colonies. On n'y trouve point, comme en Australie, ces « Banques de comptes courants » si audacieuses dans leurs opérations, et pour cette raison même si utiles dans un pays nouveau. Tandis que les banques françaises réclament de leurs clients des garanties certaines, connaissements ou hypothèques, refusant toute affaire qui leur paraît offrir des risques en dehors de l'ordinaire, les banques australiennes ne craignent pas d'ouvrir des crédits aux petits négociants, aux petits propriétaires, disposées d'avance à faciliter à toute individualité honorable les opérations ou entreprises que les conditions de fortune de ces individualités ne leur permettraient pas d'entreprendre seuls. Ce système a pour conséquence une circulation constante des capitaux, c'est-à-dire le développement rapide des industries et du commerce de la colonie. On peut dire qu'en Australie la plupart des grandes maisons de commerce actuelles ont débuté sans avoir d'autres moyens que le crédit d'une banque pour les soutenir (1).

Les rentiers français ne placent pas leur argent dans nos colonies, parce qu'ils ne savent point qu'ils sont assurés d'en retirer un bon revenu et surtout parce que ces colonies leur paraissent des contrées trop lointaines, les placements trop peu sûrs. Ils se demandent s'ils reverraient jamais leurs capitaux. Les mêmes qui hésiteraient à souscrire à une émission d'actions tentée par une des grosses maisons françaises de la côte d'Afrique, par une société industrielle ou de commerce ayant à sa tête des hommes connus et d'une parfaite honorabilité, n'ont pas craint de prendre pour une somme considérable des obligations des chemins de fer turcs, et les fonds d'État du Pérou et du Honduras (2) !

Tout au contraire les Anglais ne craignent pas d'engager leurs capitaux dans des opérations coloniales. L'intérêt élevé qu'ils en retirent les encourage même dans cette voie, d'autant plus que la rente anglaise ne rapporte pas 3 p. 100. On a déjà dit que les gouvernements coloniaux ont trouvé à emprunter sur le marché anglais une somme de 262 millions de liv. st. (6,550,000,000 de francs). Il faut ajouter que les provinces, les villes, les compagnies de chemins de fer, les banques, les compagnies hypothécaires,

---

(1) « On sait quelle importance nos maîtres en colonisation, les Américains et les Anglais, attachent à un bon système de crédit. Dans chaque nouveau village, près de la maison d'école et de la maison de Dieu, se dresse la maison de dépôt et d'escompte, *house of deposite and discount*. Ainsi se trouvent groupés dans chaque centre embryonnaire de civilisation, au milieu des pionniers et des défrichements, les trois éléments indispensables de toute croissance et de toute prospérité : l'école qui donne à l'homme l'instruction, le temple où il puise l'éducation morale et religieuse, la banque qui féconde la production. » Leroy-Beaulieu, *De la colonisation*.

(2) On peut d'ailleurs remarquer que les capitaux ne se capitalisent aux colonies qu'aux environs de 8 %, alors qu'ils se capitalisent en France à 4 %.

les sociétés minières, de commerce ou de cultures.... établies dans toutes les possessions britanniques ont de leur côté emprunté sur le marché de Londres une somme totale de 358 millions de liv. st., soit 8 milliards 950 millions de francs. Cette somme rapporte aux capitalistes anglais un intérêt annuel d'environ 19,220,000 liv. st. ou 480 millions et demi de francs (1).

Il résulte de ces chiffres que le total des placements de tous genres faits par les capitalistes de la Grande-Bretagne dans les diverses possessions anglaises d'outre-mer s'élève au chiffre énorme de 15 milliards 500 millions de francs. Le revenu de ce capital étant évalué à 765 millions de francs (2), on peut estimer que cette somme est un tribut annuel payé à la métropole par ses colonies.

Il ne serait pas impossible de réagir contre l'ignorance ou la timidité excessive des rentiers français. On a dit plus haut que les colonies désireuses d'attirer des immigrants devraient publier dans ce but des notices spéciales; on répétera ici le même conseil. Que les administrations coloniales et le ministère des colonies éclairent l'opinion par des publications intéressantes et bien faites! Ce ministère n'a publié jusqu'ici que des *Statistiques* et des *Notices* trop arides ou trop confuses, introuvables du reste en librairie. Quelques privilégiés seuls en bénéficient; le grand public ne les connaît pas, et c'est à lui qu'il faudrait arriver. Puisqu'il ne sait pas aujourd'hui combien l'argent

---

(1) Les fonds placés dans les emprunts des chemins de fer, des provinces, des villes, des ports, des compagnies d'éclairage (215,750,000 fr.) rapportent en moyenne 5 1/4 p. 100 ; — ceux placés dans les banques e compagnies hypothécaires (121,250,000 fr.) 6 1/6 p. 100 ; — enfin les capitaux engagés dans les autres opérations (143,500,000 fr.) donnent 4 3/4 p. 100.

(2) Les emprunts des gouvernements coloniaux rapportent 284,500,000 fr. qu'il faut ajouter aux 480,500,000 fr. dont il vient d'être parlé.

rapporte aux colonies, combien ces terres nouvelles sont riches, quelles fortunes elles sont susceptibles de développer en peu d'années, les administrations coloniales devraient vulgariser les exemples cités plus haut. Elles montreraient que fatalement les capitaux placés dans des pays neufs sont assurés d'un meilleur rendement que ceux placés dans la vieille Europe ; et aussi que l'argent français, placé en terre française, est plus en sûreté, plus à l'abri de toutes les mesures fiscales qu'il ne peut l'être sur un sol étranger.

Il faut demander encore au ministère des colonies d'assurer aux capitalistes et aux négociants français certaines facilités d'établissement, un appui moral sinon une aide, — et un gage de plus sera ainsi donné aux timides qui, se sentant soutenus, oseront s'aventurer !

Enfin, — et l'administration des colonies a heureusement fait quelque chose dans cette voie, il convient de créer des *Musées commerciaux coloniaux* en France et aux colonies, dans le double but de mettre d'un côté les industriels de notre pays en mesure de savoir quels produits sont demandés, goûtés dans nos établissements d'outre-mer, et d'un autre de montrer aux négociants qui y sont établis les articles de l'industrie française susceptibles d'être vendus aux indigènes.

Depuis un an environ a été organisé à Paris, à « l'Exposition permanente des colonies » ouverte au Palais de l'Industrie, le premier « Musée commercial colonial » français. L'administration de la rue Royale a rassemblé dans des vitrines les échantillons de tous les articles nationaux ou étrangers qui se vendent aujourd'hui dans nos colonies, étoffes, vêtements, conserves, parfumeries, articles en métaux, faïences, etc... Ces envois lui sont faits et les renseignements qui les accompagnent fournis par les gouverneurs.

L'industriel et le négociant trouvent dans ce musée toutes les indications qui leur sont nécessaires. Veulent-ils, par exemple, rechercher quelles étoffes sont exportées dans une colonie pour la consommation des indigènes? Ils ont devant eux une collection complète de tissus : le prix de chacun est marqué, sa longueur, sa largeur, l'emploi qui en est fait, les couleurs et les dessins préférés. L'étiquette donne aussi le nom du fabricant de l'étoffe exposée, la ville où il est établi, le nom de l'importateur, le mode d'emballage, la valeur que représente l'étoffe pour l'indigène. Un conservateur attaché au musée fournit, en outre, d'utiles renseignements. Sa visite faite, l'industriel sait donc s'il peut fabriquer tel ou tel produit au prix de vente dans la colonie et avec quel négociant importateur il doit se mettre en rapports.

Le ministère des colonies fera œuvre utile en ouvrant des Musées de ce genre dans les grandes villes industrielles et commerciales de France.

Il devrait aussi demander à nos Chambres de commerce d'envoyer dans nos établissements d'outre-mer les échantillons des articles de leur fabrication susceptibles d'y trouver un marché. Rassemblés et exposés par les administrations locales, ces échantillons formeront des « Musées commerciaux » qui seront la contre-partie de ceux de la métropole. Les commerçants importateurs, français ou étrangers, établis dans nos colonies, ayant sous les yeux les articles fabriqués en France, les prix de vente et le nom des fabricants, pourront facilement entrer en relations commerciales avec eux. Quand ils connaîtront mieux les produits et les prix de notre industrie, on ne peut douter qu'ils lui feront des commandes plus importantes (1).

(1) On organise à Saïgon un « Musée commercial colonial » auquel nos principales Chambres de commerce ont envoyé les échantillons de divers produits français qui pourraient être vendus en Cochinchine.

La question des tarifs douaniers dans nos colonies ayant été traitée plus haut (1), il n'y a pas lieu d'y revenir ici. On a vu que le même régime ne pouvait être adopté dans toutes et qu'il n'était possible de « protéger » les marchandises françaises que dans certaines de nos possessions. La résurrection de quelques-unes des dispositions du « pacte colonial » ne saurait paraître, du reste, à personne comme le meilleur mode de développement pour nos colonies. Il est permis de penser que ce développement, cette augmentation de prospérité et de richesse, doivent bien plutôt être cherchés, comme on vient de le montrer, dans l'encouragement à l'émigration des hommes et des capitaux, — et c'est pourquoi on croit devoir appeler l'attention des hommes politiques et des administrateurs sur les considérations et les exemples qui viennent d'être développés.

On s'est efforcé au cours de cet ouvrage de se tenir sur le terrain d'une impartialité absolue. On a eu la préoccupation constante d'éviter le dithyrambe, aussi bien que le dénigrement. Les esprits impartiaux le reconnaîtront. Ils jugeront que la situation de nos colonies pourrait être meilleure, que l'émigration française est trop lente, que nos produits ne s'écoulent pas assez facilement sur certains marchés, que l'Angleterre a des établissements plus vastes et plus riches que les nôtres, que la race anglo-saxonne a une puissance d'expansion particulière; mais ils constateront en même temps des faits certains, des résultats heureux, des progrès indiscutables qui frappent les yeux de tout homme non prévenu.

La France ne possède pas, comme la Grande-Bretagne, de

(1) Chapitres II, VII et XI.

vastes et riches possessions occupées depuis un ou plusieurs siècles, — l'Inde, l'Australie, le Canada, — qui sont aujourd'hui de plein rapport et entretiennent avec leur métropole de solides relations commerciales. Ses colonies de commerce et d'exploitation, le Sénégal, le Gabon, le Congo français, la Cochinchine, le Tonkin, négligées pendant longtemps, découvertes d'hier ou conquises depuis peu d'années, sont encore des « pays neufs », qu'il faut mettre en valeur. Ce sera l'œuvre du siècle prochain. L'intelligence, l'activité et les capitaux de l'Europe auront fait dans celui-ci les États-Unis et l'Australie. Il est permis de penser que ses forces se porteront au XXe siècle en Afrique et en Asie. La France bénéficiera alors de ses possessions. Il est certain que notre industrie, qui produit trop chèrement, ne s'est pas assuré jusqu'ici sur les marchés de nos colonies une place assez grande : si elle ne faisait ni efforts ni progrès, elle profiterait moins dans l'avenir de leur développement commercial que l'industrie étrangère. Mais il faut espérer que, protégés par des tarifs douaniers dans certains de nos établissements et surtout poussés par le besoin de s'assurer des débouchés, au moment où ils rencontrent sur tous les points du globe une si active concurrence, nos industriels sauront s'outiller pour la lutte et prendre la première place dans des régions où l'État leur aura préparé une situation privilégiée.

Il faut donc conclure :

Notre domaine colonial est aujourd'hui assez vaste ; il ne s'agit plus de l'étendre. En Afrique et en Asie nous possédons les portes de vastes régions qui seront au siècle prochain de grands marchés ; dans la Méditerranée, dans l'Océan Indien, dans les mers de Chine, nous nous sommes assuré les stations militaires indispensables à notre marine.

Si la France ne veut plus rien conquérir, elle ne voudra non plus rien abandonner, car c'est l'honneur d'un pays de défendre son patrimoine, c'est son intérêt bien entendu de faire respecter les territoires où il a planté son drapeau.

La *politique coloniale* de demain n'est pas une politique de conquêtes et d'annexions, mais une politique de conservation et de mise en valeur de patrimoine national. Il faut organiser nos colonies nouvelles, donner à toutes une bonne administration, les faire connaître dans la grande masse du pays, afin de provoquer chez elles une émigration des hommes et des capitaux, — et notre siècle aura suffisamment à faire.

L'état de prospérité où sont parvenues les colonies britanniques, leur influence sur le développement du commerce de la métropole, l'accroissement de force et de puissance qu'elles lui assurent dans le monde, sont des faits considérables qui s'imposent à la méditation des hommes d'État. Les colonies peuvent-elles être pour une nation une source de richesse et de puissance? Assurément. Les nôtres, jusqu'à ce jour, nous ont-elles rendu suffisamment et nos dépenses et nos efforts? Pas encore. C'est donc qu'elles n'ont pas atteint un complet état de développement ou que nous n'avons pas su les mettre en valeur. Pourquoi? Examinons, réfléchissons, cherchons. La question est à l'étude! L'enquête est ouverte!

Si ce travail paraissait digne d'être joint à titre de document au dossier de l'enquête et s'il avait la bonne fortune d'appeler l'attention sur l'intérêt que mérite notre domaine colonial, l'ambition de l'auteur serait pleinement satisfaite.

APPENDICES

I. — *Algérie.*
II. — *Tableaux statistiques.*

ALGÉRIE

L'Algérie est la première de nos colonies. — Son administration n'appartient pas au ministère de la marine et des colonies. — *Le ministère de l'Algérie et des colonies.* — Le décret organique du 26 août 1881. — Les rattachements. — Attributions du ministère de l'intérieur.

La situation actuelle de l'Algérie d'après les chiffres officiels. — Superficie. — Population. — Européens et indigènes. — Les céréales. — La vigne ; progrès de cette culture. — L'alfa. — Les forêts et les mines. — Mouvements du commerce et de la navigation en 1883. Progrès réalisés en un demi-siècle. — Le traité du Bardo. — La France africaine. — Centenaire de 1930.

Dans cet ouvrage consacré à l'étude des possessions françaises ressortant du *Ministère de la marine et des colonies*, il ne pouvait être parlé de l'Algérie dont les services sont « rattachés » à divers départements ministériels.

L'Algérie est cependant une colonie, — la plus grande, la plus prospère des colonies françaises. Quoique la population indigène qui l'habite soit nombreuse, on doit la considérer comme une « colonie de peuplement », et sa situation dans le bassin de la Méditerranée, à trois jours de Marseille, explique comment les Français s'y sont portés en grand nombre alors que quelques-uns à peine se rendaient dans l'autre hémisphère à la Nouvelle-Calédonie ou à Tahiti. Il faut encore ajouter que, depuis la conquête, l'Algérie a été l'objet des préoccupations constantes du gouvernement et que la mère patrie a consenti pour elle des sacrifices considérables, alors qu'elle a pendant longtemps négligé ses autres possessions d'outre-mer.

L'Empire eut la pensée, afin de donner à toutes nos colonies une direction et impulsion communes, de réunir leur administration dans les mêmes mains.

La création d'un *Ministère de l'Algérie et des Colonies*, le 24 juin 1858, fut une heureuse tentative, et sa courte existence (1858-1860) a été signalée par un redoublement de vie et d'activité intelligente sur notre terre d'Afrique et dans tous nos Établissements coloniaux. Peut-être est-il permis de regretter que cette expérience ait été si vite abandonnée.

Aujourd'hui, en vertu du décret organique du 26 août 1881, les services civils de l'Algérie ont été rattachés aux ministères de la justice, de l'intérieur, des finances, de la marine, de l'instruction publique, des travaux publics, de l'agriculture, du commerce, des postes et télégraphes (1). Les attributions du ministère de l'intérieur sont de beaucoup les plus étendues : administration générale, administration départementale et communale en territoire civil et en territoire de commandement, assistance hospitalière, police générale, colonisation, création de centres, travaux d'installation, routes départementales, chemins vicinaux, presse, imprimerie et librairie.

On ne croit pas devoir aborder ici, comme il conviendrait de le faire dans une étude complète de l'œuvre de la France en Algérie, les importantes questions du régime des terres, de la colonisation, du traitement des indigènes et du régime douanier. On se bornera à reproduire les renseignements fournis par les statistiques officielles; ils suffiront

(1) Il faut ajouter que ce décret a été suivi d'arrêtés ministériels par lesquels les ministres ont délégué au Gouverneur général de l'Algérie la plus grande partie des attributions qui leur étaient confiées.

d'ailleurs pour montrer que notre colonie algérienne, malgré les erreurs économiques et politiques qui ont pu y être commises, a fait en un demi-siècle de sérieux progrès donnant foi en l'avenir.

L'Algérie occupe sur le littoral de la Méditerranée, en face des côtes de France et d'Espagne, une étendue d'environ 1,000 kilomètres. On évalue sa superficie à 32 ou 37 millions d'hectares, ainsi répartis : le Tell, 14 millions ; la région des Hauts-Plateaux, 8 millions ; le Sahara algérien, 10 à 15 millions.

Le recensement de 1881 accuse une population de 3,310,000 habitants. Les Français sont au nombre de 233,000 sur lesquels 46,000 hommes de troupes, et les étrangers 189,000 (114,000 Espagnols, 33,000 Italiens, 15,000 Anglo-Maltais). Une comparaison entre les chiffres du dénombrement de 1881 et celui de 1876 permet de constater un augmentation de 35,000 Français et 31,000 étrangers due au mouvement de l'émigration et à l'excédent des naissances sur les décès. On compte enfin 35,000 Israélites naturalisés et 2,850,000 Musulmans sujets français. Il y a quelques années le docteur Warnier établissant une classification pour les indigènes de notre colonie distinguait environ 1,000,000 de Kabyles ou Berbères purs, habitants primitifs de la contrée suivant l'opinion reçue, 500,000 Arabes purs descendants des conquérants, et 1,200,000 Berbères arabisants, c'est-à-dire ayant une autre origine que les Arabes, mais ayant pris leurs mœurs et leurs coutumes.

Au 31 décembre 1883, la population agricole de l'Algérie s'élevait à 2,868,000 personnes. Elles possédaient 11,490,000 têtes de bétail et avaient ensemencé 2,922,000 hectares en céréales (462,000 aux Européens et 2,460,000 aux indigènes) dont le rendement fut de 14,682,000 quintaux métriques.

On comptait à cette date 29,920 planteurs possédant ensemble 45,000 hectares cultivés en vignes. La récolte du vin a été, en 1883, de 821,000 hectolitres. L'année précédente, la statistique accusait une superficie de 39,000 hectares ayant donné 681,000 hectolitres ; ainsi, dans l'espace d'une année, les plantations se sont accrues de 6,000 hectares. Si l'on remonte à quelques années en arrière, on voit qu'en 1872 les Européens firent 227,000 hectolitres de vin, et en 1878 329,000. Enfin, en 1866, ils n'avaient récolté dans les trois provinces que 99,000 hectolitres.

Ces chiffres indiquent le développement considérable qu'a pris la culture de la vigne dans notre possession algérienne, depuis que le phylloxera a si cruellement éprouvé les vignobles de France. L'Algérie étant jusqu'ici complètement indemne du phylloxera, les plantations s'y font avec une grande activité (1). Si l'immunité dont semble encore jouir l'Afrique continue, il ne serait pas étonnant que dans une dizaine d'années il y eut 150 à 200,000 hectares de vignobles dans notre colonie africaine, et que la production s'y élevât à 7 ou 8 millions d'hectolitres de vin. La vigne exigeant une main-d'œuvre presque complètement européenne, il en résultera un grand accroissement du nombre des colons ruraux. Le phylloxera peut, il est vrai, en reparaissant tout à coup, retarder les progrès de la viticulture algérienne, mais on a trouvé le moyen sinon d'exterminer le redoutable insecte, du moins de vivre avec lui et il est

---

(1) Le phylloxera s'est montré pour la première fois en Algérie le 4 juillet 1885, à Mansourah près Tlemcen, puis en août de la même année, à Sidi-Bel-Abbès. A Mansourah le traitement a porté sur 6 hectares, à Sidi-Bel-Abbès sur 3 hectares. Le fléau, attaqué avec une grande vigueur, a été arrêté.

probable que, même infectée par le phylloxera, l'Algérie deviendra une grande contrée viticole.

La culture de l'olivier, du tabac et de l'oranger sont en voie de développement.

A côté de ces plantes existe une graminée spontanée qui est devenue pour notre colonie une source de produits d'autant plus rémunérateurs que son exploitation n'exige que les frais de main-d'œuvre et de transport. Cette graminée est l'alfa que l'on récolte dans la région des Hauts-Plateaux. L'Espagne achète les qualités supérieures de l'alfa pour la sparterie et pour le mélange de ce textile au coton dans la fabrication de certaines étoffes. L'alfa de qualité ordinaire est presque en totalité exporté en Angleterre pour la fabrication de la pâte à papier et de différents objets. En 1883 la superficie des terrains cultivés en alfa était évaluée à 1,797,000 hectares.

Le sol forestier de l'Algérie s'étend sur une superficie de 2 millions d'hectares en chiffre rond sur lesquels 400,000 hectares peuplés en chêne-liège. Malheureusement le plus grand nombre des forêts est encore inexploité, en raison de l'insuffisance ou du manque absolu de voies de communication.

Enfin, le nombre des mines concédées dans notre colonie est de 42 : mines de fer, de cuivre, de zinc, de plomb argentifère, d'antimoine...

Le commerce total de l'Algérie a été en 1883 de 464,554,000 francs (1). Dans ce chiffre les exportations de

---

(1) Ce chiffre et les suivants sont empruntés à l'*Exposé de la situation générale de l'Algérie* présenté par le Gouverneur en 1884. Ils ne concordent pas avec ceux du *Tableau général des douanes* qui sont inférieurs et d'après lesquels le mouvement général du commerce de notre colonie n'aurait été en 1883 que de 406 millions. On a cru cependant devoir les prendre de préférence parce qu'ils paraissent

la France pour la colonie s'élèvent à 238,481,000 francs (commerce spécial) ; — les importations de la colonie en France à 86,776,000 francs (commerce général) ; — les exportations de l'étranger en Algérie (Angleterre, Espagne, États Barbaresques, Russie...) à 73,489,000 francs (commerce spécial) ; — et les importations de la colonie à l'étranger à 44,423,000 francs (1).

Ces chiffres présentent une diminution sur ceux de l'année précédente pendant laquelle le commerce total avait atteint près de 562 millions. — En 1877 il était de 424 millions.

L'Algérie étant un pays neuf où la France entretient et paye une armée, où elle fait de grands travaux publics et où l'initiative privée apporte de nombreux capitaux, il est naturel que l'importation y dépasse de beaucoup l'exportation. Ce n'est nullement la preuve que le pays s'appauvrit. L'excédent des importations sur les exportations représente en grande partie le capital de la mère patrie apporté par les Français en Algérie.

En 1883 le mouvement maritime de notre colonie africaine consistait à l'entrée, en 4,741 navires jaugeant 1,915,000 tonneaux. Dans ce tonnage les provenances de France étaient comprises pour 1,184,000 tonneaux (2,007 navires) et celles de l'étranger pour 731,000 (2,734 navires). L'Angleterre vient la première après notre pays : 555 navires, 446,000 tonneaux ; — puis l'Espagne, 1,232 navires, 123,000

plus exacts. Certaines opérations commerciales peuvent, en effet, échapper au contrôle des agents des douanes chargés de dresser les statistiques, tandis qu'il est impossible d'admettre que ces agents inscrivent un chiffre d'affaires supérieur à celui qu'ils constatent.

(1) Les exportations totales de la France et de l'étranger à destination de l'Algérie s'élèvent au commerce général à 320,376,000 francs. — Les importations totales de l'Algérie en France et à l'étranger s'élèvent au commerce général à 144,178,000 francs.

tonneaux ; — puis l'Italie, 620 navires, 56,000 tonneaux... Si l'on considère que la plupart des matières premières algériennes, le fer, l'alfa, se vendent principalement en Angleterre, on ne peut s'étonner de la part importante du pavillon anglais dans ce mouvement maritime. Tandis que la part des pavillons français et anglais augmente depuis plusieurs années, celle des pavillons espagnols et italiens diminue.

Les chiffres de 1883 indiquent un progrès sensible : en 1878 les entrées ne représentaient que 1,354,000 tonneaux sur lesquels 840,000 à la France et 513,000 à l'étranger.

L'*Exposé de la situation générale de l'Algérie*, après avoir donné le mouvement des entrées en 1883, néglige de donner celui des sorties. Si cependant on considère comme sortis tous les navires entrés, on peut évaluer le mouvement maritime total de notre possession algérienne à 9,482 navires jaugeant 3,830,000 tonneaux.

La longueur du réseau des chemins de fer en exploitation était l'année dernière de 1,691 kilomètres. Lorsque toutes les lignes projetées seront faites, l'Algérie aura environ 2,500 à 3,000 kilomètres de voies ferrées.

Quand on réfléchit qu'il n'y a guère plus de cinquante ans que le premier soldat français a débarqué en Afrique, qu'il a fallu environ dix-sept ans pour soumettre en gros le pays, que depuis lors il y a eu des insurrections fréquentes et que néanmoins 422,000 Européens sont établis sur cette terre, il y a lieu de beaucoup espérer.

Le traité du Bardo en plaçant la Tunisie sous notre protectorat a singulièrement étendu les limites de l'Afrique française et augmenté sa richesse.

Plusieurs économistes, et parmi eux M. Leroy-Beaulieu, estiment que si la période des tâtonnements est définitivement close en Algérie, si l'on suit vis-à-vis des Arabes une politique d'assimilation, si l'émigration française progresse dans une certaine mesure et si d'un autre côté le protectorat prend en Tunisie toutes les formes de la souveraineté, la France possédera sur les côtes africaines de la Méditerranée une superbe colonie quand elle célébrera en 1930 le centenaire de notre descente à Alger.

TABLEAUX STATISTIQUES.

	1883	
	POPULATION.	COMMERCE TOTAL.
Guadeloupe.......	200.000	60.335.000
Martinique........	167.000	70.320.000
Réunion..........	169.000	51.054.000
Guyane..........	25.000	14.360.000
Saint-Pierre et Miquelon..........	5.500	28.099.000
Sénégal..........	190.000	47.212.000
Sainte-Marie de Madagascar........	7.000	436.000
Nossi-Bé..........	9.500	7.800.000
Mayotte..........	9.000	2.408.000
Inde..............	282.000	32.234.000
Cochinchine.......	1.690.000	141.120.000
Nouvelle-Calédonie.	43.700	16.572.000
Tahiti (1)	10.600	7.640.000
	2.808.300 hab.	479.590.000 fr.
Algérie	3.310.400	464.554.000
TOTAUX GÉNÉRAUX.	6.118.700 hab.	944.144.000 fr.

(1) On ne donne ici que la population et le commerce des deux îles de Tahiti et de Morea, parce que les statistiques incomplètes ne fournissent pas le chiffre total du commerce de tous nos Établissements océaniens.

	IMPORTATIONS DES PRODUITS FRANÇAIS dans la colonie. (Commerce spécial.)	EXPORTATION DES COLONIES EN FRANCE. (Commerce général.)	IMPORTATIONS DES PRODUITS ÉTRANGERS dans la colonie.	EXPORTATIONS DES COLONIES A L'ÉTRANGER.
Guadeloupe.........	12.384.000	18.673.000	14.141.000	13.194.000
Martinique.........	13.639.000	22.961.000	18.641.000	13.950.000
Réunion............	7.832.000	16.269.000	19.125.000	6.800.000
Guyane.............	5.844.000	5.735.000	2.557.000	56.000
Saint-Pierre et Miquelon..	3.087.000	11.972.000	7.647.000	2.570.000
Sénégal............	8.607.000	20.508.000	9.759.000	1.546.000
Sainte-Marie de Madagascar.				
Nossi-Bé........... }	327.000	3.881.000	3.500.000 (1)	2.700.000 (1)
Mayotte............				
Inde...............	519.000	13.764.000	5.645.000	10.730.000
Cochinchine........	7.156.000	3.137.000	51.906.000	76.548.000
Nouvelle-Calédonie..	6.037.000	2.875.000	4.048.000	3.612.000
Tahiti.............	618.000	141.000	3.318.000	3.573.000
	66.050.000 fr.	119.916.000 fr.	140.287.000 fr.	135.279.000 fr.
Algérie............	238.481.000	86.776.000	73.489.000	44.423.000
TOTAUX GÉNÉRAUX...	304.531.000 fr.	206.692.000 fr.	213.776.000 fr.	179.702.000 fr.

(1) Ce chiffre est approximatif.

TABLEAUX STATISTIQUES.

	1883		
	NAVIGATION FRANÇAISE.	TONNAGE.	NAVIGATION ÉTRANGÈRE.
Guadeloupe.......	589	100.000	1.081
Martinique.	801	256.000	1.270
Réunion..........	374	220.700	51
Guyane...........	111	41.000	80
Saint-Pierre et Miquelon.........	3.361	194.000	2.384
Sénégal..........	1.300	239.000	153
Sainte-Marie de Madagascar.......	?	?	?
Nossi-Bé..........	136	35.000	1.125
Mayotte	83	15.700	153
Inde	196	130.000	940
Cochinchine......	259	409.000	3.889
Nouvelle-Calédonie.	87	103.000	190
Tahiti (1).........	79	10.000	59
	7.376 nav.	1.752.400 ton.	11.375 nav.
Algérie...........	4.014	2.368.000	5.468
TOTAUX GÉNÉRAUX.	11.390 nav.	4.120.400 ton.	16.843 nav.

(1) Port de Papéïte seul.

TABLE DES MATIÈRES

I

AVANTAGES GÉNÉRAUX DE LA COLONISATION

Pages

Utilité des colonies. — Influence bienfaisante de la découverte et de la colonisation de l'Amérique et de l'Australie. — Augmentation jouissances. — Accroissement d'industrie. — Une citation d'Adam Smith.................................... 5

II

GUADELOUPE — MARTINIQUE — RÉUNION

Situation des Antilles et de la Réunion. — La Guadeloupe. — Mouvement du commerce et de la navigation. — Comparaison avec la Jamaïque... 9

La Martinique. — Mouvement du commerce et de la navigation. — Comparaison des Antilles anglaises et des Antilles françaises. 12

La Réunion. — Mouvement du commerce et de la navigation. — Situation peu prospère. — Espérances de relèvement: voisinage de Madagascar. — La colonie anglaise de Maurice..... 14

Question du régime douanier à établir entre la France et ses trois anciennes colonies. — Le sénatus-consulte de 1866 et le « pacte colonial ». — Politique rétrograde suivie par l'administration des colonies. — La loi des sucres du 29 juillet 1884. — Les décrets de 1884 et 1885 établissant des taxes douanières dans nos colonies... 16

Question de l'immigration indienne. — 1848. — La crise et l'appel fait aux bras étrangers. — La Convention du 1er juillet 1866 avec l'Angleterre. — Caractères de l'immigration indienne. — Ses vices. — Sa condamnation. — Il n'est pas possible de la supprimer en un jour. — Pourquoi les planteurs emploient les travailleurs indiens. — Polémiques locales. — A la Réunion et à la Martinique. — Une suppression lente et graduée évitera une crise économique.... 22

III

GUYANE FRANÇAISE

Triste situation de cette colonie. — Elle n'a jamais été prospère. — Population et commerce.. — Les mines d'or. — La Guyane est *un placer*. — Navigation. — Comparaison avec les Guyanes hollandaise et anglaise.. 29

IV

SAINT-PIERRE ET MIQUELON

Saint-Pierre et Miquelon dans notre histoire coloniale. — Prospérité de ces établissements. — Importance de la pêche de la morue. — Chiffres du commerce et de la navigation. — Primes « d'armements » et « primes sur les produits »............... 33

V

SÉNÉGAL — RIVIÈRES DU SUD — SOUDAN

Le Sénégal colonie de commerce. — Son étendue. — Sa population. — Les traitants et les caravanes. — Progrès de la colonie. — Importance du commerce. — Principaux objets d'importation. — Les maisons françaises. — Navigation......... .. 35
Les Rivières du Sud. — Comment se fait la « traite ». — Richesse du « Bas de côte ». — La Cazamance. — Le Rio Nunez. — Le Rio Pongo. — Évaluation du commerce des rivières. — Maisons françaises et maisons étrangères.......... 40
La France à Bamakou. — Le Soudan occidental. — Ce que l'on sait sur ces régions nouvelles. — Leurs produits et leur avenir. 43
Le commerce du Sénégal dans une douzaine d'années........ . 45

VI

ÉTABLISSEMENTS FRANÇAIS DE LA COTE DE GUINÉE, NIGER ET BENOUÉ

Les possessions françaises, anglaises et allemandes sur le golfe de Guinée. — Importance du commerce de cette côte......... 47

Grand-Bassam et Assinie...................................... 48
Porto Seguro. — Petit-Popo. — Agwey. — Abaranquem. — Grand-Popo. Commerce des maisons françaises et des maisons étrangères.. 49
Le Porto Novo et son avenir commercial. — Deux grandes maisons marseillaises. — La colonie anglaise de Lagos........... 49
Le commerce du Niger et de la Bénoué abandonné par deux maisons françaises. — Le protectorat anglais sur cette région.. 50
La Conférence de Berlin. — Liberté de la navigation du Niger et de ses affluents.. 51

VII

ÉTABLISSEMENTS FRANÇAIS DU GABON ET DU CONGO

Présent et avenir de notre colonie du Gabon. — Population. — Commerce. — Ses progrès dans l'Ogoëw. — Importance des maisons allemandes et anglaises. — Lignes commerciales étrangères. — Mouvement de la navigation................... 53
La Convention du 5 février 1885 entre la France et l'Association internationale du Congo. — Reconnaissance de l'État libre du Congo. — Extension territoriale de notre colonie. — L'acte général de la Conférence africaine du 26 février. — Liberté du commerce des nations dans le bassin du Congo. — Conséquences de la Conférence de Berlin. — Les vallées françaises du Nyanga et du Quillou-Niari ouvertes au libre commerce. — Nécessité de modifier le tarif douanier du Gabon.................... 54
Quelle est la richesse probable de la région du Congo? — Le livre de M. Stanley. — Il affirme l'extrême richesse du bassin du Congo. — La part de l'exagération. — Ce que l'on peut espérer. — Les vallées du Ni-Qiaillou, du Léfini, de l'Alima, de la Licona et du Liboko à la France. — Avenir des Établissements français du Congo et du Gabon....................... 61

VIII

SAINTE-MARIE — NOSSI-BÉ — MAYOTTE — MADAGASCAR
COMMERCE A LA CÔTE DE MOZAMBIQUE — OBOCK

Sainte-Marie de Madagascar....................................... 67
Situation favorable de l'île de Nossi-Bé. — Population. — Commerce. — Maison française et maisons étrangères. — Commerce de Nossi-Bé avec Madagascar. — Les mines de charbon de Bavatou-Bé. — Droits de la France sur Madagascar. — Son

établissement prochain sur les côtes nord-ouest et nord-est.
— Richesse et fertilité de l'île ; ses principaux produits. —
Factoreries françaises et étrangères. — Importance du commerce français. — Commerce de Tamatave. — Majunga, Vohémar,
Nossi-Bé. — Avenir de Madagascar........................ 68
Mayotte. — Population. — Cultures. — Commerce............ 75
L'immigration africaine nécessaire dans nos trois colonies...... 76
La côte orientale. — Le commerce français dans le Mozambique
et le Zanzibar. — Une colonie allemande.................... 77
Territoire français d'Obock. — Dépôt de charbon. — Annexions
récentes... 78
Le golfe de Tadjourah. — Les routes du Choa et du Harar...... 79

IX

COMMERCE DES NATIONS AVEC L'AFRIQUE — SITUATION DE LA FRANCE DANS CE COMMERCE

Commerce et navigation de la France, de l'Angleterre, du Portugal, de la Hollande, de l'Allemagne et des États-Unis avec les
côtes d'Afrique. — Part de ces différentes nations............ 81
Grande exportation des marchandises britanniques. — Faible
exportation des marchandises françaises. — Principales marchandises de troque. — Quelles nations les fabriquent. — Les
cotonnades, le genièvre, les armes. — Proportion de la vente
des articles étrangers et des articles français en Afrique. — Les
lignes à vapeur de Liverpool et de Hambourg favorisent la
vente des articles anglais et allemands. — Nécessité de la création d'une ligne postale française subventionnée. — Son importance au point de vue du commerce. — Les fabricants de
Rouen et les fabricants de Manchester...................... 88
Importations sur les marchés d'Europe des produits africains.
— Industries nationales qu'ils alimentent. — Leur prospérité. —
12 millions d'exportations et 68 millions d'importations......... 94

X

ÉTABLISSEMENTS FRANÇAIS DE L'INDE

Ce que la France a conservé de l'empire de Dupleix. — Situation de nos cinq établissements. — L'industrie des *guinées*. —
Mouvement du commerce et de la navigation. — Un port à
Pondichéry. — Son importance............................. 97

XI

INDO-CHINE FRANÇAISE

COCHINCHINE — CAMBODGE — ANNAM — TONKIN

Population et commerce de la Cochinchine. — Ce n'est pas la plus riche de nos colonies. — Les *produits riches* et les *produits pauvres*. — Population. — Les Anglais dans l'Inde et les Français en Cochinchine. — Comparaison avantageuse. — Commerce de 141 millions. — Exportation considérable du riz. — Importations anglaises et chinoises. — Médiocre importance du mouvement commercial entre la France et la Cochinchine. — Les Chinois chez eux dans notre colonie. — Vente des cotonnades anglaises. — Maisons de commerce françaises et étrangères établies à Saïgon. — Mouvement du port de Saïgon. — Sa situation peu favorable. — Nécessité pour la Cochinchine de produire une marchandise demandée par l'Europe 101

Le Cambodge, et la Convention du 16 juin 1884. — Principaux produits. — Heureux débuts du commerce français. — Le commerce du Cambodge se fait par la Cochinchine. — Les Principautés Laotiennes.. 113

Traité de Hué du 6 juin 1884. — Traité de Tien-Tsin du 9 juin 1885. L'Annam. — Ce pays est-il fertile ? — Quel est son avenir ? — Le commerce du port de Quin-Nhon................... 116

Le Tonkin. — La France et l'Angleterre cherchant une route commerciale pour rejoindre les provinces méridionales de la Chine. — Le voyageur anglais Margary. — M. Dupuis. — M. Colquhoun. — La navigation du Song-Koï. — Un chemin de fer est nécessaire. — Le Yun-nan et ses mines. — La vallée du Song-koï, route des provinces de la Chine méridionale................ 115

Superficie et population du Tonkin. — Forêts et mines. — Opinion de M. Fuchs sur le bassin houiller de Hong-gàc. — Les rizières du Tonkin. — Autres produits : canne, coton, mûrier. — Le commerce au Tonkin. — Marchandises françaises et marchandises étrangères. Cotonnades anglaises. — Nécessité de protéger les produits français. — Discussion du tarif différentiel préparé par l'administration des colonies. — Application, dans l'Indo-Chine française, d'un tarif spécial. — Avantages de ce système. — Il est très suffisamment protecteur. — Efforts que devront faire les filateurs et tisseurs rouennais.. 119

Les maisons françaises au Tonkin. — Exemples à suivre donnés par les maisons étrangères de l'Extrême Orient. — Principales maisons établies à Hanoï et Haï-phong. — Usages commerciaux. — Comment se fera le commerce. — Utilité du détaillant chinois. — Emploi que trouveront les Français au Tonkin dans le commerce, les travaux publics et l'industrie. — Fabrication des cotonnades au Tonkin. — Avenir du Tonkin. — L'œuvre du siècle prochain. — Grande demande de capitaux que fera la Chine au xx° siècle..................................... 122

Avenir immédiat du Tonkin. — Exportation des riz et des soies. — 150 millions d'exportations et 150 millions d'importations dans dix ans... 132

Le Tonkin sera-t-il une charge pour le budget français? — Pourquoi les impôts produiront peu au début. — Les douanes. — 8 à 12 millions de recettes pendant les trois ou quatre premières années. — Augmentation sensible dans les années suivantes. — Exemple du développement des recettes en Cochinchine. — Les impôts et leur produit dans cette colonie. — Ce que la Cochinchine coûte encore au budget métropolitain. — Le Tonkin donnera 50 millions dans dix ans. — Le protectorat devra se suffire dès le début. — La France n'est pas allée chercher des charges nouvelles au Tonkin. — Elle payera les troupes et la flottille. — Le Tonkin devra payer plus tard toutes ses dépenses. — Exemples des Indes, du Canada et de l'Australie.................................... 135

XII

NOUVELLE-CALÉDONIE

La Nouvelle-Calédonie est une colonie agricole et minière. — Climat tempéré. — L'œuvre de la transportation. — Services qu'elle aurait pu rendre. — Les routes. — M. Pallu de la Barrière et son gouvernement. — Les « fermes modèles ». — Médiocres résultats obtenus à Bourail et à Koé. — Concessions de terre faites aux transportés. — Échec.................. 145

La colonisation libre. — Pourquoi elle ne s'est pas développée. — Exemple à suivre donné par les colonies australiennes. — Avantages offerts par l'administration aux colons venus de France. — 63 colons français arrivent en une année. — Plan de colonisation libre et pénale élaboré sous M. Pallu de la Barrière. — Les « réserves pénitentiaires » constituées par le décret du 16 août 1884. — Nécessité prochaine de la cessation de la transportation des forçats en Nouvelle-Calédonie....... 149

Population. — Les mines exploitées. — L'industrie minière, son développement, son avenir. — L'élevage; mauvais produits obtenus. — Autres ressources de la colonie. — L'immigration néo-hébridaise. — Son utilité. — Erreur qu'a commise l'administration en l'interdisant................... 152

Mouvement du commerce et de la navigation. — La colonie se développe. — Ligne postale reliant Marseille à Nouméa. — Ses heureux effets. — Maisons françaises. — L'avenir de la colonie est dans les mains de l'administration.................... 155
La « Compagnie Néo-calédonienne des Nouvelles-Hébrides »..... 157

XIII

ÉTABLISSEMENTS FRANÇAIS DE L'OCÉANIE

Les archipels océaniens soumis à la France. — Petit nombre de colons. — Tahiti et Moréa. — Cultures et commerce. — Relations commerciales avec l'Amérique et l'Australie. — Navigation... 159
Les archipels des Tuamotu et des Gambiers. — Pêche de la nacre et des perles.. 161
Les Marquises.. 162
Situation présente de nos possessions océaniennes et leur avenir. — Les deux grandes routes du commerce international après le percement de l'isthme de Panama. — Situation de la France sur ces routes. — L'archipel de Cook................. 163

XIV

RÉSUMÉ. — SITUATION COMMERCIALE DES COLONIES FRANÇAISES

Les progrès de nos établissements d'outre-mer sont incontestables. — Nos anciennes colonies. — Celles acquises depuis 1815. — Chiffres généraux. — Population de nos colonies. — Ce qu'elles achètent en France et ce qu'elles achètent à l'étranger. — Avantages naturels que ses colonies assurent à la France. — Notre industrie alimentée par les importations des colonies en France. — Consommation par tête de 23 fr. 50 de marchandises françaises et de 49 fr. 90 de marchandises étrangères. — Explication de ces chiffres.................................. 166
Comparaison des colonies anglaises et françaises au point de vue de la consommation des marchandises nationales. — Chiffres favorables à l'industrie française. — Les Antilles anglaises et les Antilles françaises. — Maurice et la Réunion. — L'Annamite de Cochinchine consomme plus de produits français que l'Indien de produits anglais.. 169
Situation moins favorable sur les marchés d'Afrique et d'Asie. — Efforts à faire. — Nécessité pour notre industrie de fabriquer le produit « bon marché ». — Un mot de Mérival...... 171
Part du pavillon français dans le commerce de nos colonies.... 172

XV

UTILITÉ MORALE ET MILITAIRE DE NOS COLONIES

Utilité matérielle et utilité morale de nos colonies. — *Ce qu'on voit et ce qu'on ne voit pas*.................................... 173
La France revit dans ses établissements d'outre-mer. — Rayonnement de son influence, de ses mœurs et de sa langue. — Le Canada et Maurice ont gardé l'empreinte de la France. — Histoire militaire de nos colonies. — Leur patriotisme. — Les volontaires de la Réunion et de l'île de France dans l'Inde. — Les colons viennent s'engager pendant la guerre. — Utilité militaire de nos possessions coloniales dans nos guerres de l'avenir. — *Les Colonies nécessaires*. — Nos colonies indispensables à notre marine. — La Tunisie. — Madagascar. — Le Tonkin. — La route de l'Inde. — Constitution d'une flotte spéciale dans l'Extrême Orient.................................... 174
Deux objections des adversaires de la politique coloniale. — La Suisse et la Norvège. — Réfutation. — Les « colonies libres » des deux Amériques. — Avantages assurés à notre industrie par ces colonies. — Leur importance. — Elles ne sont d'aucune utilité militaire et sont d'une faible utilité morale. — Leurs membres oublient la langue de leur patrie d'origine. — Naturalisation américaine ou argentine. — Absorption des « colonies libres » par les milieux dans lesquels elles vivent. — Comparaison entre les « colonies libres » et les « colonies administratives ». — Supériorité de ces dernières. — Pourquoi l'utilité matérielle des « colonies libres » paraît aujourd'hui plus grande que celle des « colonies administratives ». — Ce qu'il faut attendre de l'avenir.................................... 179

XVI

CE QUE COUTENT NOS COLONIES.

Objection tirée de l'élévation du chiffre du budget des colonies. — Étude de ce budget. — Il est de 24 millions. — Dépenses coloniales inscrites dans le budget « marine ». — Troupes et flottilles. — Un budget ordinaire de 46 millions.................................... 185
Comparaison avec le budget des colonies anglaises. — Il n'est que de 54 millions. — Le système financier anglais. — Les dépenses extraordinaires des colonies en France et en Angleterre. — Les emprunts des colonies anglaises. — Grande sécurité de ces emprunts. — Intérêt annuel qu'ils rapportent

aux rentiers anglais. — Les colonies françaises n'empruntent pas. — Charges qu'elles imposent à la métropole. — Le chemin de fer du Sénégal. — Le chemin de fer et le port de la Réunion. — Dépenses extraordinaires de plus de 23 millions à la fin de 1886. — Réponse à l'objection. — Les devoirs d'une métropole vis-à-vis de ses colonies. — Différence entre le degré de richesse où sont parvenues les colonies anglaises et françaises. — Nécessité pour une métropole de supporter quelques dépenses dans ses colonies. — Le budget des travaux publics. — Conclusion. — Un exemple à ne pas négliger.............. 188

XVII

DÉSIDÉRATA.

Les colons et les capitaux dans les colonies françaises. — L'émigration anglaise, allemande et française. — Les Français dans leurs colonies. — Colonies intertropicales. — « L'élément dirigeant » et « l'élément dirigé ». — L'émigration en Nouvelle Calédonie et à Tahiti. — L'obstacle de la transportation au développement de la colonisation libre. — Comment on peut encourager l'émigration française. — Exemples donnés par les colonies australiennes. — Le marquis de Ray. — Influence heureuse qu'une émigration française aurait dans nos colonies.. 197

Les capitaux français. — Où ils vont. — La richesse des « pays neufs ». — Dividendes des banques australiennes. — Dividendes des banques françaises. — Bénéfices des banques françaises en Afrique. — Cherté de l'argent dans nos colonies. — Les Banques de comptes courants en Australie. — Ignorance et timidité des rentiers français. — Hardiesse des rentiers anglais. — Capitaux britanniques engagés dans les colonies de la Grande-Bretagne. — Tribut payé par ces colonies à leur métropole. — Publications de vulgarisation que doit entreprendre le ministère des colonies.. 202

Les « Musées commerciaux coloniaux ». — Le Musée du Palais de l'Industrie. — Son utilité. — Les Musées dans les colonies. Les tarifs douaniers.. 208

Conclusions. — Les colonies anglaises et les colonies françaises. — Nos colonies dans des « pays neufs ». — Leur avenir au siècle prochain. — Celui de l'Afrique et de l'Asie. — Nécessité pour notre industrie de s'outiller pour la lutte. — La *politique coloniale de demain* — Plus de conquêtes. — Mise en valeur du patrimoine national............................ 210

APPENDICES

I. — ALGÉRIE

L'Algérie est la première de nos colonies. — Son administration n'appartient pas au ministère de la marine et des colonies. — *Le ministère de l'Algérie et des colonies.* — Le décret organique du 26 août 1881. — Les rattachements. — Attributions du ministère de l'intérieur.................. 214
La situation actuelle de l'Algérie d'après les chiffres officiels. — Superficie. — Population. — Européens et indigènes. — Les céréales. — La vigne ; progrès de cette culture. — L'alfa. — Les forêts et les mines. — Mouvement du commerce et de la navigation de 1883............ 217
Progrès réalisés en un demi-siècle. — Le traité du Bardo. — La France africaine. — Centenaire de 1930. 221

II. — TABLEAUX STATISTIQUES....... 223

FIN DE LA TABLE DES MATIÈRES.

4795-85. — CORBEIL. Typ. CRETÉ.

LIBRAIRIE GUILLAUMIN ET Cie, ÉDITEURS

Dictionnaire universel, théorique et pratique du commerce et de la navigation. 2 magnifiques vol. grand in-8 raisin, papier collé et glacé, à 2 colonnes, formant 3,380 pages. Prix, broché. 60 fr.
— Relié en demi-veau ou demi-chagrin .... 69 fr.
De la Colonisation chez les peuples modernes, par Paul LEROY-BEAULIEU, membre de l'Institut. 3e édition. 1 fort vol. in-8.... 9 fr.
L'Algérie et les colonies françaises, par Jules DUVAL, avec une notice biographique sur l'auteur, par M. Levasseur, membre de l'Institut, et une préface de M. Laboulaye, membre de l'Institut. 1 vol. in-8. Prix .... 7 fr. 50
Réflexions sur la politique de l'empereur en Algérie, par le même. 1 vol. in-8. Prix .... 2 fr. 50
Étude sur le système colonial, par M. le comte DE CHAZELLES. 1 vol. grand in-8. Prix .... 5 fr.
La traite, l'émigration et la colonisation au Brésil, par Ch. EXPILLY. 1 vol. in-8. Prix .... 7 fr. 50
La traite orientale. Histoire des chasses à l'homme organisées en Afrique depuis quinze ans, pour les marchés de l'Orient, par M. É.-F. BERLIOUX, professeur d'histoire au lycée de Lyon, avec une carte des pays parcourus par les traitants. 1 vol. in-8. Prix .... 6 fr.
La colonisation du Brésil, par M. Charles REYBAUD. Documents officiels. Brochure in-8. Prix .... 2 fr.
Études algériennes. — I. L'Algérie politique et économique. — II. A travers la province d'Oran. — III. Lettres sur l'insurrection dans le sud oranais, par M. ARDOUIN DU MAZET. 1 vol. in-8. Prix ..... 6 fr.
Algérie et Sahara. La question africaine, étude politique et économique. Les âges de pierre du Sahara central. Préhistoire et ethnographie africaines. Carte et itinéraire de la première mission Flatters, par M. Lucien BABOURDIN, membre de la première mission Flatters, professeur d'économie politique. 1 vol. in-8. Prix .... 3 fr. 50
La colonisation algérienne au congrès d'Alger, résumé de la discussion du congrès d'Alger, par M. Georges RENAUD, professeur d'économie politique au collège Chaptal. Brochure in-8. Prix... 2 fr.
Considérations sur l'abolition de l'esclavage et sur la colonisation au Brésil, par M. MICHAUX-BELLAIRE. Brochure in-8. Prix .... 2 fr.
André Brue, ou l'origine de la colonie française du Sénégal, avec une carte de la Sénégambie, par M. Étienne-Félix BERLIOUX, docteur ès lettres, professeur d'histoire au lycée de Lyon. 1 vol. in-8. Prix .... 6 fr.
Della emigrazione Italiana in America, comparata alle altre emigrazioni Europee. Studi e proposte, per l'avvocato GIOVANNI FLORENZANO. 1 vol. in-8. Prix .... 7 fr.
The slave trade domestic and foreign, why it exists and how it may be extinguished, by H. C. CAREY. Philadelphie. 1 vol. in-8. Prix .... 8 fr.
Études économiques sur l'organisation de la liberté industrielle et sur l'abolition de l'esclavage, par M. G. DE MOLINARI. 1 vol. in-18. Prix .... 0 fr. 75
L'Esclave blanc, nouvelle peinture de l'esclavage en Amérique, par HILDRETH, traduit de l'anglais, par MM. MORNAND et L. DE WAILLY. 1 joli vol. grand in-18 jésus. Prix .... 2 fr. 50

www.ingramcontent.com/pod-product-compliance
Lightning Source LLC
Chambersburg PA
CBHW070528170426
43200CB00011B/2358